U0593750

"国际汉语教育研究"丛书

印尼国际中文人才高质量培养研究

郭旭 著

郑通涛 主编

本书获以下基金项目支持

① 中国高等教育学会引进国外智力工作分会2022年度高等教育科学研究规划课题"'一带一路'倡议下中国高校印尼办学机遇与推进策略研究"（22YZ0406）；

② 教育部语合中心国际中文教育研究项目"印尼本土中文教师梯队建设和人才库动态构建研究"（21YH39D）；

③ 宁波大学教改项目"基于OBE理念的国际中文教育课程内容设计及考核体系研究"（JYXMXYB2021025）；

④ 浙江省国际学生国情教育名师工作室。

厦门大学出版社
XIAMEN UNIVERSITY PRESS
国家一级出版社
全国百佳图书出版单位

图书在版编目（CIP）数据

印尼国际中文人才高质量培养研究 / 郭旭著. -- 厦
门：厦门大学出版社，2024.5
（"国际汉语教育研究"丛书 / 郑通涛主编）
ISBN 978-7-5615-9122-2

Ⅰ．①印… Ⅱ．①郭… Ⅲ．①国际教育-中文-人才
培养-研究-印度尼西亚 Ⅳ．①H19

中国国家版本馆CIP数据核字(2023)第193009号

责任编辑　韩轲轲
美术编辑　张雨秋
技术编辑　朱　楷

出版发行　厦门大学出版社

社　　址　厦门市软件园二期望海路 39 号
邮政编码　361008
总　　机　0592-2181111　0592-2181406(传真)
营销中心　0592-2184458　0592-2181365
网　　址　http://www.xmupress.com
邮　　箱　xmup@xmupress.com
印　　刷　厦门市金凯龙包装科技有限公司

开　本　720 mm×1 000 mm　1/16
印　张　13.75
字　数　230 千字
版　次　2024 年 5 月第 1 版
印　次　2024 年 5 月第 1 次印刷
定　价　68.00 元

本书如有印装质量问题请直接寄承印厂调换

厦门大学出版社
微信二维码

厦门大学出版社
微博二维码

总　序

郑通涛

国际中文教育是面向国际中文学习者的以汉语文化教学为载体的教育实践过程,是汉语和中华文化走向世界的重要平台。

作为一门多学科交叉融合的新兴学科,国际中文教育研究虽起步较晚,但跨越国界的汉语教育实践活动却源远流长,历史上汉字文化圈的形成、中国语言文化典籍的外传、西方汉学的兴起发展以及海外华侨华人的华文教育等便是最好的证明,也为当今国际中文教育和中华文化传播的实践与学术研究提供了丰富的历史借鉴。

作为文化载体的语言,是人类文明与民族文化的结晶。国外开展语言国际推广教育的历史悠久、影响深远。早在 15 世纪,"语言作为立国的工具"的重要性就得到了国际上的普遍认可。18 世纪中叶,西方各国政府都把语言推广看作"教化属地内有色人种最重要的方式",也是除政治、军事和经济以外的第四个层面的外交活动。

在当今强调文化影响力等"软实力"的时代,语言的国际教育不仅是国际政治、经济、文化交流的有效工具,也是获取民族和国家利益的重要手段。语言的国际化程度已日益成为国家综合实力的重要体现,向国外推广本国语言更是成为增强国家软实力、提升国际地位的重要战略手段。因而,语言的国际教育就不只是语言的教学和推广,更重要的是以本国语言为载体,传播自己的文化和价值观念,使本国文化在世界多元文化格局中占据重要地位,借以提高本国的国际地位。

综观国外的语言推广发展状况,可以发现这样两点共识:一是各国普遍将本民族语言教育的国际化纳入其强国战略的一个组成部分;二是将语言教育和文化推广相结合是发达国家向外传播自己的语言时所采取的一个基本政策。英国文化委员会、法语联盟、德国歌德学院、西班牙塞万提斯学院等借助语言国际教育在各国人文外交中逐步声名鹊起,在全球范围内建立了语言教学、教育文化交流、国际服务等分支机构,以促进文化、教育、国际关系的拓展和交流。

自新中国成立特别是改革开放以来,国际中文教育承前启后,日渐由零散走向系统,展现出全新的局面。随着中国经济的高速发展和国际地位的大幅提升,国际中文教育也被赋予新的历史内涵,成为中国语言文化传播和展现中国文化软实力的重要路径,得到国际社会越来越广泛的关注。

国际中文教育作为一门学科,它以国际中文学习者为中心,研究国际中文学习者中文学习的理论和实践,国际中文教师的专业发展途径与特点,国别化中文教育的课程、教材、教法,国际中文教育所涉及的各种教育测评问题,不同国家的语言国际教育之对比,以及国际中文教育发展的历史脉络,等等。较之传统的对外汉语教学,国际中文教育所研究的对象和规律拓展到教育学诸多分支领域,研究问题的转变带来了研究内容、研究方法的重大转变,学科内涵得到进一步丰富。

国际中文教育学科既要分析与总结国际中文教育的实践和现象,也要研究跨语言文化背景下的国际中文教育的理论和规律,探索汉语国际传播的机制、路径、策略和手段,因此,语言学、教育学、心理学、管理学、经济学、历史学、文化学、政治学、社会学、国际关系学、计算机科学等都进入了国际中文教育学科的研究视野。

第一,国际中文教育以汉语教学为载体,因此必须在汉语语言学理论基础上研究作为外语或二语的汉语本体的特点、结构和功能,它一方面可直接为国际中文教育服务,另一方面又可加深我们对汉语自身特点的认识,促进汉语本体研究的深入发展,因而汉语语言学和汉外语言对比成为学科重要的基础理论之一。

第二,国际中文教育本质上是一种教育实践活动,因此就必须遵循教育教学的基本规律和原则,并针对国际中文教育的实际需求,确立教育教学的具体原则和方法,使国际中文教育既体现出教育的目的和教育的阶段性,又体现出本学科的性质和特点,这些都与教育学及其各分支学科密切相关。

第三,国际中文教育是把中文作为第二语言的教育,涉及国际中文学习者的生理、情感、认知因素及学习迁移、学习策略、交际策略等,也涉及国际中文教师的心理素质、职业道德修养和职业发展规划等,这些都与心理学及其各分支学科有密切关系。

第四,国际中文教育对象学习汉语的过程,实质上是跨越自己的母语文化学习另一种语言文化的过程。国际中文教育要培养学习者的交际能力,实际上是培养其跨文化的交际能力。交际能力中所包括的社会语言能力、话语能力和策略能力,均与文化有关,因而国际中文教育研究要以文化学和跨文化交际学理论为指导。

第五,国际中文教育本质上也是语言文化的国际推广和传播过程,传播学研究人类社会信息系统及其运行规律,研究传播行为和传播过程发生、发展的规律以及传播与人和社会的关系,因而国际中文教育需要以传播学理论作为指导,以提高汉语文化教育传播的针对性和实效性。

第六,国际中文教育作为中外人文交流的重要载体,需要以国际关系学及公共外交理论作为指导,研究如何通过汉语文化国际教育机制和体制及区域化、国别化策略,提升中文与中华文化的国际影响力,不断丰富中外人文交流的内涵,在潜移默化中影响其他国家的民众并形成国际舆论,在国际上树立中国良好的形象,进而实现国家的战略利益。

国外在语言国际教育领域中的成果与经验,对我国国际中文教育的学科建设发展有诸多启发和借鉴意义。事实上,我国学界已经或正在把国外语言国际教育的理论和经验引入国际中文教育的实践与科研之中,在借鉴国外语言国际教育相关理论和经验的同时,努力探索符合汉语与中国自身特点的国际中文教育之路。

中文教学是国际中文教育的载体和支撑。中文作为外语教学的主要难点是什么?如何降低中文学习的门槛,帮助外国人更快更好地掌握汉语?这是我们在国际中文教育过程中不得不面对的问题。作为中文教学的母语国,我们不能仅仅依赖于对外来模式的借鉴,而必须建立自己的有说服力的品牌。在中文教学国际化进程中,掌握制定规则、输出规则的主动权,这是决定我们能够引领国际中文教育潮流的重要之举。

为此，必须进一步促进国际中文教育学科理论的深化和教学实践的创新，在借鉴、吸收世界第二语言教学经验和成果的同时，应着重从汉语内在的特征和自身规律出发，建构汉语作为第二语言教学的基础理论。一是进行针对外国学习者的汉语本体研究，侧重点是教学中的难点以及汉语与学习者的母语或第一语言的差异，并结合学习者的认知心理和语言习得以及跨文化交际等对汉语进行多角度综合研究；二是进行汉语作为第二语言的学习理论与教学理论的研究，包括习得理论、教学模式、教学方法等的研究；三是进行针对教学实践和解决遇到的瓶颈问题的研究，包括教学案例、课堂教学设计、教学管理、测试评估、语料库建设、教材编写、师资培训、现代教育技术等的研究与推广。

"国际汉语教育研究"丛书收录了当今国际中文教育领域最新的研究成果，并分门别类做了编排。我们衷心希望本套丛书的出版能为国际中文教育事业添砖加瓦，也能为推动两岸国际中文教育和中华文化传播协同创新及深化两岸关系和平发展做出一点应有的贡献。

目　录

第一章　高质量发展时期的国际中文人才培养

第一节　研究背景

一、高质量发展时期国际中文人才培养

2013 年,习近平主席分别提出了建设"新丝绸之路经济带"和建设"21 世纪海上丝绸之路经济带"的合作倡议,对新时期国际政治和经济格局产生深远影响。2014 年,印尼新上任不久的总统佐科·维多多提出"全球海洋支点"战略,既是对"海洋强国"梦想的落实,也是对"一带一路"倡议的回应。自此,围绕"五通"建设,两国政治经济合作进入高速发展的轨道,取得了令人瞩目的成就,与此同时,也遇到了一些发展瓶颈。根据世界经济论坛发布的最新全球竞争力报告分析,印尼逐渐成为最具发展潜力的国家之一。中印尼共建"一带一路"以来取得了一系列建设实绩,在基础设施、产能合作和文化旅游等方面取得积极进展。据统计,2020 年中国与印尼进出口贸易总额 784.63 亿美元,对印尼直接投资 21.98 亿美元,在"一带一路"沿线覆盖的六大区域至少 65 个国家和地区中名列前十。2021 年 11 月 22 日,习近平主席主持中国—东盟建立对话关系 30 周年纪念峰会,正式宣布建立全面战略伙伴关系,也标志着中国与东盟大国印尼的合作关系迈上新台阶。

中印尼共建"一带一路"高歌猛进的同时,也存在一系列落实推进方面的问题,主要表现在:(1)印尼社会对"一带一路"认知不足,甚至出现误读误判现象;(2)印尼基层自治制度造成"一带一路"合作项目落地时的竞争失序与资源

浪费;(3)代表民心相通的教育合作与人才培养缺乏系统性与针对性等。总结"一带一路"倡议提出以来的经验教训,习近平主席在第二届"一带一路"国际合作高峰论坛明确提出高质量发展议题,并在十九届四中、五中、六中全会中均有系统论述,标志着"一带一路"建设走向新阶段,这不但是从大写意到工笔画的跃迁,也是从规模扩张到精准建设的推进。在此背景下,如何实现中印尼共建"一带一路"高质量发展,则是当前必须面对也亟须解答的问题。

2021年11月24日,刘鹤副总理在《人民日报》发文,就高质量发展议题提出目标要求,并指示了具体路径。该文梳理了中国与印尼关系的互动与变迁,指出两国政策和利益交汇点增多,外交方针具有稳定性和延展性,"一带一路"愿景下合作多于分歧,但是依然需要花很长时间消除印尼社会对中国的误解。中印尼伙伴关系升级对新时期中国外交和共建"一带一路"意义重大,只有增进理解、改善印尼社会对中国的负面认知,才能深化战略对接的质量,实现经济共同发展。因此,本书基于复杂动态系统理论,尝试从高质量发展观重要关切的机制建设切入,深入阐述新形势下如何建立健全人才培养机制,构建各因素相互促进的良性循环系统,精准解决存在的问题,促进中印尼共建"一带一路"高质量发展行稳致远、走深走实。

作为东南亚最重要的国家,印尼扼太平洋与印度洋之要冲,以其关键的地理位置、2.66亿的人口规模以及广阔的腹地成为东盟经济体的主导国家之一。2020年人口统计为2.667亿人,国内生产总值(GDP)1.06万亿美元,占世界的1.25%,世界排名第16位,人均GDP 3869美元,近十年来平均每年经济增长率4.8%。全球竞争力报告显示,印尼整体上表现良好,其中市场规模、商业活力、产品市场、经济稳定和金融体系等指标上有不俗的表现,这些数据显示出印尼具有稳定而可靠的发展环境,来自人口红利的巨大的市场规模加之旺盛的商业活力,使印尼不但成为最具发展潜力的国家之一,也成为中美等大国关注的重要国家。

中国与印尼的交往渊源深厚,但是进入现代以来,中国和印尼关系一波三折,就整体趋势而言,两国关系已经走出民族主义的阴影,并且越来越紧密。全球经济合作背景之下,中国和印尼的政治关系趋于常态化,经贸投资往来日渐密切。"一带一路"倡议提出以来,以印尼为代表的东南亚国家与中国民心相通指数在六大区域中高居榜首,民间文化交流意愿强烈;中印尼共建"一带一路"显示了巨大潜力的同时也出现了一些人文交流失衡、交流机制有待创新等问题。"一带一路"建设在印尼所取得的成绩是中国硬实力的重要体现,而"一带一路"建设中所出现的问题则需要软实力进行解决,这也是"一带一路"高质量发展的内在逻辑。

国之交在于民相亲,民相亲在于心相通,"一带一路"民心相通主要包括通心、通事、通情,而语言相通是实现这"三通"的关键之所在。"一带一路"是由中国倡议和主导的,为全球治理贡献中国技术和中国方案,为其铺路搭桥的语言也理所当然的是中文,可以说"一带一路"推进到哪里,民心工程就覆盖到哪里,国际中文教育也就贯穿到哪里。从另外一个角度而言,语言是交流的工具和思维的工具,因此,中文不仅积淀了中华民族的优秀文化,而且蕴含了中国的思维方式和价值观念,国际中文教育成了跨越语言障碍和文化隔膜的舟楫和桥梁。

2020年初暴发的新冠肺炎疫情对"一带一路"建设提出了新挑战和新要求,经济全球化逆流下,我国持续扩大对外开放,"一带一路"建设取得丰硕成果的同时,也迈向高质量发展的阶段,国际中文人才的高质量培养成为支撑"一带一路"建设的核心议题之一。2020年10月29日,中共中央第十九届五中全会通过《国民经济和社会发展第十四个五年规划和二〇三五年远景目标的建议》(简称"十四五"规划),明确提出推动共建"一带一路"高质量发展,深化公共卫生、数字经济、绿色发展、科技教育合作,促进人文交流。这是本书选题的政策依据。

自2013年习近平主席提出"一带一路"倡议,教育部随之签发纲领性文件《推进共建"一带一路"教育行动》,着力推进"一带一路"沿线国家教育共同体建设,明确了加强人才培养为"一带一路"建设提供人才支撑的宗旨。语言互通是"五通"建设的基础,"一带一路"建设所需要的正是通心、通事的"中文+"复合型人才。如何清晰地描绘出"一带一路"人才需求的行业、地域和层次分布的图谱;如何准确把握"一带一路"人才需求特征和中文学习者的学习行为特征;如何构建更精准而有效的"一带一路"国际中文人才培养模式,以解决新时期"一带一路"高质量建设与人才培养模式之间的脱节问题——这些不但是解决"一带一路"人才培养问题的管籥之所在,也是本书立论的现实依据。

"十四五"规划强调推进大国协调和合作,深化同周边国家关系,加强同发展中国家团结合作,积极发展全球伙伴关系。作为中国周边命运共同体的印尼,从地理位置上而言,其扼马六甲海峡的关键地理位置,是南中国的出海口;从国际关系上而言,其作为东盟最重要的成员国被中国列为外交的优先方向;从经济体量上而言,其拥有 2.6 亿多人口的市场规模,与中国贸易量在"一带一路"国家中排名前十;从政策对接上而言,印尼提出的"全球海洋支点"战略与中国的"一带一路"倡议有诸多可以对接的空间;从产业结构上而言,其基础设施建设和科技应用与中国存在很强的互补性;从中文教育基础上而言,印尼拥有全球最大的华人华侨群体和深远的中文教育传统,为"一带一路"国际中文人才培养提供了广泛的基础。

因此,面对经济和区域发展局部全球化的今天,"一带一路"建设的内容和要求发生了结构性转变。作为最大的发展中国家,中国和印尼共建"一带一路"成绩最为显著,印尼也是中国加强团结合作和积极发展全球伙伴关系的对象,研究后疫情时代印尼国际中文人才需求及培养模式,对于建设"一带一路"高质量国际中文教育体系具有示范性和标本性意义。

二、全球化视野下的国际中文人才培养

中国有着悠久的历史,作为世界文明的重要一支,中华文明血脉赓续、嬗变延续,5000 年来虽然历经战争的纷扰,但文化传统却从未断绝,并且以其深厚的影响力在亚洲地区形成以中华文明为核心的汉文化圈,对周边国家有着深刻的影响。当今,汉语这门古老的语言又焕发出新的活力,这是中华民族在新时期经过跨越式发展并实现其伟大复兴的黄钟大吕,语言文化勃兴的背后是中国经济的长足发展,庞大的经济规模对世界格局产生强大影响。西班牙语言学家内布里亚向其女王伊莎贝拉谏言:"语言永远与实力相伴。"500 多年前的这句话依然反映今天的情势。

美国历史学家斯塔夫里阿诺斯以全球性的眼光来研究历史,认为公元1500 年之前属于传统社会,信息交流和文明传递的主要方式是垂直代际传播

和传承,人们生活在相对封闭的地域,国家层面的外交以及各个层面的文化交流属于少量的横向信息传播。随着新航路的开辟和工业文明的推进,欧美国家率先强盛起来,在资本和技术的推动之下,在全球范围内开始了掠夺财富的征程,原本纵向传承为主的传统秩序轰然崩塌,信息横向传播占据主要地位,这也是世界步入现代社会的标志。

在现代文明推进的历史进程中,首先要突破的就是语言的阻碍,双向的语言交流和传播成了原生文明和工业文明之间的纽带,而克服语言造成的交流困境、使不同的文明产生互鉴,还是需要以语言人才为最终推动力量。以语言人才为桥梁促进国家之间的交流合作,共生共荣,才能使这一文明安居全球化时代的中心地位,如果一个文明偏居一隅、故步自封,在全球化的进程中就有被边缘化的危险。

从某种意义上来说,在全球化时代,语言的传播和人才的培养,其原生动力是国家的发展和文明的推进,从这个角度而言,很容易解释英语作为全球性的语言如此生机勃勃,是因为有英美国家这样强大的文明作为后盾,在全球范围内产生了很强的吸引力,世界各国的英语人才培养有效实践也为国际中文人才培养提供了前车之鉴。

有着悠久历史的中华文明的现代化进程却晚得多,经过百年的努力,中国的发展壮大也为汉语的国际传播和国际中文人才培养提供了客观的有利环境和最终的可靠依托。汉语的传播尽管有几千年历史,但是在全球化时代国家层面的举措,仅推行了十几年的时间,但其铺展迅速,汉语热成了一个普遍的现象。"一带一路"倡议提出以来,虽然遭遇新冠肺炎疫情带来的逆全球化影响,但整体上而言,国际中文人才的培养正在全方位推进。

在这些现象的背后,学界对汉语的国际传播和国际中文人才培养的研究深入而且细致,但是,站在系统的层面进行考量,学者们对国际中文人才培养模式的研究则显得有些不够深入。有的学者提出加强孔子学院的功能并扩大其影响,作为国家形象代表的孔子学院,不可能应对所有国际中文人才培养的复杂状况;还有的学者提出建立高校联盟,甚至建立国际中文教育共同体,推进学分互认等一体化进程,但是这仅仅从一国的政策出发作出的战略推演,仅仅停留在可能的顶层设计阶段,尽管已经确立了一些保障性措施,但就国际中文人才培养的效果而言尚无确切的有效性保证。

本书正是针对于此而逐步展开的,十几年来林林总总的汉语国际传播和国际中文人才培养的广泛实践,为国际中文人才培养模式的构建提供了深厚的基础,从普遍的国际中文人才培养实践中提取人才培养模式并非难事,真正的困难之处在于如何保障国际中文人才培养模式的有效性,它不但深深根植于各国的语言政策、政治经济、语言文化、交流合作、地域风俗、学习者特征等因素,还需要以现实的国际中文人才需求为导向,在宏阔的全球化节奏中和源远的历史进程中认真总结真实有效的语言人才培养成功典范,条分缕析、吸取借鉴,以保证总结出的国际中文人才培养模式的有效性。

要言之,全球化的国际中文人才培养模式要立足全球视野,借鉴英语、法语、德语、日语在全球范围内人才培养的有效模式,结合国际中文人才培养的成功典范,根植汉语国际传播所在地的国情和地域特点,以两国的合作发展、互鉴交流,如"一带一路"等现实需求为基础,重新确定国际中文人才的内涵、培养内容、培养模式。

谈及印度尼西亚国际中文人才培养模式,必须研究其所在的东南亚国家国际中文人才培养特点,因为印尼是东盟共同体的重要成员国和领导者,东南亚诸国以及其联合成立的东盟共同体,作为中国外交的优先方向,其与中国无论是以和平发展为共同诉求的政治经济往来,还是以深厚历史交集为基础的文化互鉴交流,东南亚国家之于中华文化传播和国际中文教育的地位都举足轻重,也因之成为本书的重点研究对象。北京大学发布的"五通指数"报告,在"一带一路"沿线六大区域之中,东南亚与中国互联互通的综合指数名列第一,这也奠定了其国际中文传播重镇的地位。

与此同时,东南亚各国的国际中文人才培养模式既有作为共同体一面的许多共同点;由于各国的国情、语言文化背景、教育体制、师资状况、教育对象及政府对汉语教学的政策与态度等方面的差异,各国在汉语教学和人才培养实践过程中又表现出某些不同的特点。本书通过对东南亚国际中文人才培养开展广泛、深入的实地考察调研,及时跟踪东南亚汉语教学的进展状况,建立并不断完善东南亚汉语教学的信息库和数据库,更好地为印尼国际中文教育提供决策依据。

因此,本书针对以印尼为代表的东南亚国际中文人才培养现状,系统收集整理了有关东南亚各国的汉语教学和人才培养历史及现状的文献资料,建立在充分的实地考察、访谈调研的基础上,分析了东南亚国际中文人才培养目前面临的主要困难,力求较为全面、客观、准确地反映印尼国际中文人才的现状、发展趋势及对国际中文人才的实际需求,提出进一步改进该地区国际中文人才培养模式的措施与对策。除根据区域性、国别化特点确定有针对性的国际中文人才培养模式,为国家推广规划和决策提供相关的理论和依据外,希望通过本书具体的考察分析,为探索汉语与中华文化在海外的传播、中华文化与世界其他民族文化互动交流的规律以及国际中文教育进入对象国的本土化战略等,以及在此基础之上的国际中文人才培养模式提供某些有价值的参考,促进国家国际中文人才培养的应用研究。

第二节　文献综述

一、"一带一路"国际中文人才培养要素研究

(一)人才及人才培养定义溯源

关于人才定义的讨论,是个既古老又现代的问题,人类社会自形成以来一直伴随着对人才的渴求,然而随着时代的变迁,人才的内涵和要求因时因地而变,因此,在讨论"一带一路"国际中文人才培养模式这个大问题之前,首先应挖掘出当代人才定义的深层意涵。

《辞海》对人才的定义是"有才识学问的人,德才兼备的人",认为"人才就是为社会发展和人类进行了创造性劳动,在某一领域、某一行业或某一工作上做出较大贡献的人"。《人民日报》认为"人才是分层次的,有突出才能对社会贡献较大的就是人才"。邱永明认为"各行各业中出类拔萃的人物都是人

才"。① 黄津孚认为"人才是指在对社会有价值的知识、技能和意志方面有超常水平,在一定社会条件下能做出较大贡献的人"。②

这些关于人才概念和内涵的早期讨论主要集中于人才的品德、创造、才能与贡献,这只是对人才特质的基本概念性的界定,总体上来看缺乏系统而层次性的划分,关于这个问题,曾砥平等从系统工程的角度思考,认为人才的核心是知识、能力和素质,并对这些能力进行分层分析,但他们对素质的探讨则显得比较笼统且形而上。③ 宋娜娜等指出,在经济全球化浪潮中,国际竞争需要一大批具备在国际领域内进行深层交流、对话、沟通和抗衡能力,具有兼容并包的精神,能够不断学习和吸收先进文化和知识的国际化人才。④ 就国际化人才的内涵而言,国内外学者从不同角度进行了诠释。指出国际化人才应具备跨文化知识能力,具体又包括创造性思维、笔头交际能力和灵活性,并将此能力应用迁移到不同语言、学科、文化、职业和生活中,要培养具有坚定的国家意识,开阔的国际视野,深厚的人文情怀,精湛的专业技能,健康的体魄,强大的学习能力,以及可持续发展潜力的国际化战略人才。

随着时代的发展和科技的进步,人才的创新能力也备受关注,创新型人才是指具有创新意识和创新能力,从事创新性活动,并能为社会和组织创造价值和贡献的人才。创新型人才通常具备较高的学历或专业知识、技能,其本身具有很强的学习能力和创新能力,能够在企业成长过程中根据环境的变化,运用良好的自我应变能力来对其自身加以调整,从而更好地应对各种机遇和挑战。陈权等也对此做了呼应,提出了拔尖创新人才的概念,并建立其测度和理论模型。⑤

还有研究者根据职能和层次对人才进行了分类定义,将人才划分为应用

① 邱永明.人才问题的历史学思考:人才概念及标准历史演变的考察[J].中国人才,2004(4).

② 黄津孚.人才是高素质的人:关于人才的概念[J].中国人才,2001(11).

③ 曾砥平,等.KAQ的结构内涵与高层次人才培养[J].学位与研究生教育,2000(3).

④ 宋娜娜.基于国际化人才培养的高校商务英语课程建设[J].当代外语研究,2012(6).

⑤ 陈权,等.拔尖创新人才内涵、特征及其测度:一个理论模型[J].科学管理研究,2015(4).

型人才和理论型人才。潘懋元等认为应用型人才主要是在一定的理论规范指导下,从事非学术研究性工作,其任务是将抽象的理论符号转换成具体操作构思或产品构型,将知识应用于实践。① 有学者运用德尔菲法分析应用型创新人才内涵,强调人才的专业能力、社会能力和方法能力。师慧丽概括技能型人才包含职业操守、决策能力、创新精神和社交能力。她认为对人才专业型、学术型和职业型的划分是社会大分工的必然结果,在一段历史时期内能够解释人才的内涵并以此确定培养路径,但是随着技术的进步,各个学科之间呈现出了跨学科的现象,对人才的要求也从单一型转变为复合型,因此将"互联网+"和创新、创意、创业的"三创"人才进行叠加式研究。②

通过对人才定义和概念的梳理,可以清晰地看到人才内涵从多元向专业再向复合发展的轨迹。总之,"一带一路"背景之下的人才素质要求掌握专业知识、具备多语种表达能力,还要熟悉掌握国际惯例,具有宽广的国际化视野和强烈的创新意识,还需要在国际舞台上独立工作的能力等不同层面,顾伟勤、梅德明将其概括为"国际视野、国际情怀、国际知识"。③

(二)新时期国际中文人才培养向度

随着中国成为世界第二大经济体,中国的道路自信和文化自信扎实地建立起来,与之相呼应的是软实力建设的迫切需求,汉语走出去的国家方略也应运而生。从 2003 年至今 20 年的国际汉语传播实践、全球 500 多家孔子学院的国际汉语教育探索,站在人才培养的角度汇总起来,都在指向一种新型的人才标准,即在上节已经论述过的综合型人才,如果再加上国际中文的因素,便是综合型国际中文人才。

2007 年,国务院学位委员会学位办召开了全国汉语国际教育硕士专业学位教育指导委员会大会,通过了《汉语国际教育硕士专业学位研究生指导性培

---

① 潘懋元,石慧霞.应用型人才培养的历史探源[J].江苏高教,2009(1).

② 师慧丽.工业 4.0 时代技术技能型人才:内涵、能力与培养[J].职业技术教育,2017(16).

③ 顾伟勤,梅德明.国际型外语人才培养模式研究:谈上外国际公务员实验班本科课程体系的构建[J].外语界,2008(5).

养方案》,其中关于汉语国际教育硕士专业学位的培养目标的要求指出,国际中文人才是胜任汉语作为第二语言教学的高层次、应用型和复合型专门人才。此专业的学位获得者应具有扎实的汉语言文化知识、熟练的汉语作为第二语言的技能、较高的外语水平和较强的跨文化交际能力。彭兰玉、郭格认为汉语教育国际人才应该是集汉语功底、外语功底、心理素质、课堂组织技能、研究能力、预测能力、应急能力、管理能力、文化技艺、外语教学知识、中国学知识、百科知识于一身的综合型人才。[①]

国际中文人才应该是集掌握专业基础知识和基本技能的"知",把知识和技能运用到具体的实践活动当中的"行",具有研究意识和一定的研究能力并能在实践活动中发现问题、思考问题和解决问题的"研"等三者相结合的实践性人才。吴勇毅认为国际中文人才必须精通汉语和外语的"双语"能力、中外文化兼修的"双文化"素养、汉语作为第二语言/外语的教学能力和中华文化国际传播能力的"双能力"。[②] 赵世举等将语言能力上升到国家实力的层面,语言人才应具备应用能力、教学和研究能力以及语言资源开发能力。[③]

钱玉莲把人才规格概括为"三型一化":跨学科复合型、实践性应用型、研究性创新型和跨文化国际化人才。[④] 沈骑等认为国际中文人才应具备精通外语、通晓国际法,对国际经济贸易、金融、科学技术状况、法律法规制度熟悉,了解对象国的民族文化、宗教习俗,拥有国际视野的高层次综合能力,是"精通多种语言的'复语型'人才、精通'专业+外语'的'复合型'人才以及精通国际区域与国别问题的'研究型'人才"。[⑤]

通过对以上关于国际中文人才素质能力要求的种种论述的梳理,我们发现国际中文人才的内容是因时而变的,紧随国家发展的大方向,国家发展所要

---

① 彭兰玉,郭格.汉语教育国际人才培养的视野构架、细节构架[J].湖南社会科学,2016(4).

② 吴勇毅.孔子学院与国际汉语教育的公共外交价值[J].新疆师范大学学报(哲学社会科学版),2012(4).

③ 赵世举,张先亮,俞士汶,等.语言能力与国家实力[J].中国社会科学,2015(3).

④ 钱玉莲."三型一化"汉语国际教育本科专业人才培养方案的探索[J].中国大学教学,2014(6).

⑤ 沈骑,夏天."一带一路"语言战略规划的基本问题[J].新疆师范大学学报(哲学社会科学版),2018(1).

求的即人才内涵所需。从国家文化软实力构建而言,汉语作为软实力的重要组成部分进行国际社会的传播,不但是交流的工具,更是文化交流的重要先行力量。随着国家发展,汉语人才承担的职能越来越多,也就决定了国际中文人才的内涵和要求除单纯的语言教学和研究之外,还必须加上专业的因素,这也呼应了国务院学位办公室规定的"语言+专业"复合型人才的要求。

(三)国际中文人才素质定位

从 2013 年中国提出"一带一路"倡议到 2019 年在北京召开"一带一路"第二届高峰论坛,"一带一路"的工作正稳步有序地深入开展,李宇明认为"一带一路"需要语言铺路和服务,[①]陆俭明认为《推动共建丝绸之路经济带和 21 世纪海上丝绸之路的愿景与行动》所提出的"五通"之中,语言互通是"五通"的基础,因为没有语言互通,政策难以沟通,也会影响设施联通、贸易畅通、资金融通,更谈不上民心相通。[②]

通过这些专家的论述可以得出基本一致的结论,即语言文化融通是"一带一路"建设的基础工程、先导工程和民心工程,"一带一路"的建设离不开语言作为保障,与此伴生的语言人才、语言产品、语言应用、语言学术等需求与日俱增。面对丰富多样的语言需求,有关方面应尽快制定专门的语言服务规划意见,着力加快培养语言人才,努力创新语言资源开发,最终目的是构建相应的语言服务体系,不断提升国家和社会的语言服务能力。

在"一带一路"倡议的大举措中,既然语言的地位如此重要,那么什么样的人才才符合"一带一路"的要求呢?"一带一路"国际中文人才究竟有哪些内涵?关于这些问题,学者们立足不同的层面和领域展开了深入的讨论。早在"一带一路"倡议提出之时,文秋芳在教育部的资政报告中已经阐述"一带一路"小语种国家需要的人才标准是复合型"语言+专业技能"。[③]赵世举论述道"一带一路"建设会带来大量工程技术人员、经贸人员、交通运输人员、法律政治人士、文学艺术工作者、历史地理研究者等跨国工作或在本国从事国际业

---

① 李宇明.语言在全球治理中的重要作用[J].外语界,2018(5).
② 陆俭明."一带一路"建设需要语言铺路搭桥[J].文化软实力研究,2016(2).
③ 文秋芳."一带一路"语言人才的培养[J].语言战略研究,2016(2).

务,因而,就这些人士而言,不仅需要过硬的专业知识和业务能力,而且需要掌握工作目标国家和地区的语言,"外语＋专业"的复合型人才是必然需求。邢欣等在对"一带一路"中国企业在中亚国家的走访中发现其对人才的要求为:一是具备专业领域知识和双语或多语能力;二是具备跨文化交际与人际沟通能力;三是具有应变突发事件和吃苦实干的能力。①

徐琳、胡宗锋在沈骑研究的基础上详细阐述了在"一带一路"的背景之下"复语型"人才和"外语＋专业型"人才也正是构建国际汉语教育共同体所需。② "复语型"人才主要是指既通晓国际通用语、跨区域通用语,又掌握所属国官方语言,甚至民族部族土语的语言人才,此类语言人才的价值在于具有跨文化的沟通能力及不同文化之间的交往能力;而"外语＋专业型"人才则包括从事工程技术、经贸金融、交通运输、地质勘探、外交、司法及安全领域中的维和等工作以及历史、文化、考古、地理等来自不同行业领域或学术专业的工作人员。

周庆生从实践的角度通过对"一带一路"沿线国家和企业的详细调查,对外方当地初通汉语人才、外方当地复合型双语人才、外方当地双通人才和中方双通及复合型人才进行比较分析,得出的主要结论之一便是满足"一带一路"建设需求的人才匮乏,③但从另外一个角度来看,可以发现"一带一路"建设所要求的人才素质包括深度了解两国社会文化、风土人情、能够熟练运用两国语言、顺畅进行跨文化交际,与此同时,还必须熟悉其所从事行业的相关业务。

陈颖通过对东盟国家自贸区潜在语言市场的调查访谈研究,认为东盟国家需求的人才类型是"东盟语言＋专业能力"的中国人或"汉语＋专业能力"的东南亚人等。④ 洪柳通过对"一带一路"背景下东盟国家汉语教育发展的研

① 邢欣,宫媛."一带一路"倡议下的汉语国际化人才培养模式的转型与发展[J].世界汉语教学,2020(1).

② 徐琳,胡宗锋."一带一路"建设视阈下语言规划之语言能力与服务[J].西北大学学报(哲学社会科学版),2018(2).

③ 周庆生."一带一路"与语言沟通[J].新疆师范大学学报(哲学社会科学版),2018(2).

④ 陈颖."一带一路"背景下中国—东盟自贸区的潜在语言市场研究:基于中国—东盟博览会调查数据的实证分析[J].语言文字应用,2017(3).

究,认为"一带一路"建设所需不但是基本交际型通用汉语人才和了解中国文化、精通中文的高级汉语人才,还是具有良好的汉语基础知识、了解"一带一路"沿线国家语言文化并且知华友华的高层次汉语国际人才。①

(四)国际中文人才概念界定

2022 年 12 月在国际中文教育大会上,时任国务院副总理孙春兰发表主旨演讲,重点强调推动国际中文教育高质量发展,为构建人类命运共同体贡献力量。根据统计,各国对中文学习的需求持续旺盛,全球有 180 多个国家和地区开展中文教学,81 个国家将中文纳入国民教育体系,开设中文课程的各类学校及培训机构 8 万多所,正在学习中文的人数超过 3000 万人。在中外各方面共同努力下,国际中文教育蓬勃发展,有力地促进了中外人文交流、文明互鉴、民心相通,彰显了语言学习交流在推动构建人类命运共同体中的重要作用。

会上孙春兰还指出,中国共产党第二十次全国代表大会描绘了以中国式现代化全面推进中华民族伟大复兴的宏伟蓝图,必将为世界发展创造更多机遇,也为国际中文教育提供更加广阔的舞台。中国愿广泛开展与各国政府、学校、企业和社会组织等的合作,以学习者为中心,以需求为导向,坚持质量为先,推广国际中文教育标准,因地制宜开发教学大纲、本土化教材教辅和教学工具,创新信息化、数字化、智能化建设,打造更加开放包容、更加优质的国际中文教育新格局,更好地满足各国人民学习中文的需要。②

在此之前历届国际中文教育大会上的共识,其中最主要的内容除了在教学方法和教学质量评估方面提出创新的要求之外,主要集中在提出"汉语＋项目"的重要议题,另外,其对促进中国和世界各国合作办学提供了政策上的引导,鼓励各国各界发挥优势,为世界各国的积极发展以及中国和沿线各国共建"一带一路"提供人才支撑,最终的目的是构建国际中文教育共同体。大会明

---

① 洪柳."一带一路"背景下东盟国家汉语教育发展研究[J].河北师范大学学报,2018(2).

② 孙春兰.扎实推动国际中文教育高质量发展[EB/OL].(2022-12-08). http://www.gov.cn/guowuyuan/2022-12/09/content_5730892.htm.

确提出了打造"汉语"为引领的"＋"各领域各层次人才,并阐述了合作办学、课程设置、平台建设、培养过程等基础性问题。

"汉语＋"新型国际中文人才的培养实际上是对近些年来学界一直讨论的"语言＋"型汉语人才的一种回应,更明确地将语言锁定在汉语上。以孔子学院为代表的人才培养模式就是"语言教学＋器用文化"。[①] 以"五通"为重点的"一带一路"建设需要对国际中文人才培养提出更高要求,跨学科、跨语言、跨文化、跨国界的"中文＋专业"型人才的融合培养成为新的命题。这种"中文＋专业"型人才实际上就是"一带一路"倡议下的国际中文人才,这正是笔者提出"一带一路"国际中文人才的重要意涵。事实证明,共建"一带一路"不仅为世界各国发展提供了新机遇,也为中国开放发展开辟了新天地。2019 年 12 月 9日,国际中文教育大会在长沙开幕,再次强调国际中文教育的重要议题,提出了市场化运作的概念,重申国际中文人才的培养要适应本土化需求、适应国际发展的趋势,把建设世界高水平并且又开放包容的中文教育体系作为工作的目标。这些政策的出台不但规定了"中文"概念的内涵,也为"一带一路"国际中文人才的系统培养提供了政策依据。

通过以上对"一带一路"背景下国际中文人才的内涵和要求研究成果的系统梳理可见,"一带一路"所需人才包含两个层面的意义:第一个层面是对语言知识的精通与掌握,这种语言至少是双语或者更多,但有一点是确切的,那就是必须掌握汉语,这是一个最基本的层面;第二个层面是语言所附加的专业技能,服务于"一带一路"各行各业,这是一个应用的层面。而事实上,"一带一路"国际中文人才的内涵远不止以上两个层面,还包括交际能力、管理能力、突破能力、适应能力、创新能力等内容,因此,"一带一路"国际中文人才的内涵和要求虽然论者繁多,但是尚未达成一致、标准而又全面的意见,需要对其进行重新定位,才能进一步地开展有针对性的培养工作。总之,语言互联互通是构建"一带一路""利益共同体、责任共同体、生命共同体"的道路和桥梁,是民心相通、互尊互信、合作共赢、包容发展的重要途径。

---

① 胡范铸,陈佳璇,张虹倩.目标设定、路径选择、队伍建设:新时代汉语国际教育的重新认识[J].世界汉语教学,2018(1).

二、"一带一路"国际中文人才高质量培养背景研究

（一）"一带一路"国际中文人才培养瓶颈

人类步入现代社会以来，无论是生活方式还是社会状况，都呈急速发展的趋势，技术的进步带来的是生产要素的变化，而国家的发展和区域协调带来的是国际关系的重新调整，这必然会影响到社会分工，以及衍生出来的人才需求。"一带一路"国际中文人才便是在这样的背景之下产生的，由于这个概念诞生的时间并不长，甚至还没有关于其科学而完整内涵的一致意见，故系统性的培养便显得有点滞后，因此本书讨论的要点便集中于此，即针对问题的症结，经研究总结出解决方案，为"一带一路"国际中文人才培养提供一套切实可用的方法。

李宝贵、刘家宁通过对教育部中外语言合作交流中心现有布局在全球的孔子学院进行考察，认为目前孔子学院的海外布局尚存盲点，亟待优化调整；师资数量不足，素质有待提高；"本土化"程度不高，进展缓慢；经费来源单一，发展后力不强；文化自信欠缺，传播动力不足；传播途径单一，方式有待创新。[①] 黄方方研究"一带一路"沿线国家教育情况时发现存在汉语教育政策被关注多而立法少、汉语教育推广机构官多民少、汉语教育资源重"带"轻"路"、汉语教育"两教"中多外少和汉语教学重经贸轻文化等种种问题。[②] 万筱铭在研究"一带一路"国际中文人才培养时发现存在海外华校面临边缘化而国内汉语推广形式单一和汉语国际推广格局呈单向辐射状等问题。[③]

喻恺、胡伯特·埃特尔等认为"一带一路"人才培养属于我国高等教育输出的范畴，在这样的情况之下，首先面临的是通晓沿线国家国情的人才匮乏，而来华留学生教育结构有待优化，与此同时，境外办学质量的管控风险增大，

---

①　李宝贵，刘家宁.新时代国际中文教育的转型向度、现实挑战及因应对策[J].世界汉语教学，2021(1).

②　黄方方."一带一路"沿线国家汉语教育状况探析[J].河南师范大学学报（哲学社会科学版），2017(3).

③　万筱铭."一带一路"进程中汉语国际推广问题探究[J].江西社会科学，2017(4).

缺乏独立的第三方机构对高校境外办学机构和项目进行全程监督和有效管理,对境外办学质量的监控效果十分有限。[①]

崔希亮总结了汉语国际教育和人才培养所面临的诸多挑战,其主要问题包括以下几个方面:第一是缺乏业务精湛的汉语教师;第二是为汉语第二语言教学服务的汉语本体研究(包括语音、语法、词汇、语篇、汉字)远远不够,教师在课堂上遇到的很多问题无法在既有的本体研究成果中找到答案;第三是汉语国际教育的学科定位还存在着较大的分歧,因此学术资源的分配无法支撑汉语国际教育这个学科的发展;第四是孔子学院的内涵建设还任重道远。东盟国家国际中文教学和人才培养中发现问题如下:在"一带一路"背景下,国际中文教育工作有待深入和加强;高等教育国际化发展不够拓展、不够深入,汉语教育国际影响力不足;国际汉语教师匮乏,国际汉语教材体系不完善;学科专业特色不明显,职业吸引力不强;等等。[②]

以上是国内外学者从宏观的角度对国际中文人才培养问题从理论和实践上进行的有益探讨,下面就印尼国际中文教学和人才培养具体状况做一个整体概述。印尼民主进程的加快,为国际中文教育重新兴起提供了良好的条件,印尼政府把国际中文教学纳入国民教育的轨道,中文教育有了合法的地位,各种形式校外中文补习学校方兴未艾,师资紧缺已成为印尼中文教育发展的瓶颈,国民学校的中文教育缺少统一的教学要求和评估标准。

(二)"一带一路"国际中文人才培养转型

落实到"一带一路"国际中文人才培养的命题上来,教育部《推进共建"一带一路"教育行动》只是一个基础性的框架,在此框架之内,促进沿线国家语言互通和学分互认被确定为重要工作议题,然而,在"一带一路"国际中文教育共同体新的系统之下,汉语人才该如何定义?有哪方面的内涵?需要什么样的素质要求?培养路径是什么?这些问题尚需进一步的讨论和解决。

首先,国际中文人才的重新定位问题。工业革命以来,社会分工日渐明

---

① 喻恺、胡伯特·埃特尔、瞿晓蔓."一带一路"战略下我国高等教育国际输出的机遇与挑战[J].清华大学教育研究,2018(1).

② 崔希亮.汉语国际教育的若干问题[J].语言教学与研究,2018(1).

细,作为人才培养的教育内容随着社会的需要被划分为不同的学科体系和专业方向,并形成相应的培养模式。但是这种细致划分的学科体系,面对建设"一带一路"国际中文教育共同体的新形势则显得不太适应,漫长的人才培养周期和单一化的培养内容造成了很多学生中途放弃,或者毕业之后因所学专业缺乏针对性而转操他业,造成了培养资源的浪费。"一带一路"视野下的中文人才定位却要求有极强的针对性,并能处理各种复杂情况的综合型人才。

其次,国际中文人才培养的内涵问题。"一带一路"的人才需求是根据"一带一路"建设过程中真实所需的情况来确定的,必须充分发挥政府、高校、企业、智库之间良好的互动作用,为"一带一路"国际中文人才内涵和要求问题提供培养地图,确立以需求为导向的"一带一路"国际中文人才培养系统,避免培养资源的闲置和浪费,提高人才培养的效率。

再次,国际中文人才的素质要求问题。从目前"一带一路"的发展情况和人才培养研究结果来看,"一带一路"视野下的国际中文人才的具体素质尚在如火如荼的讨论过程中,具体准确的细节特征尚不明显,但是一个对于国际中文人才素质的共识是,其需求的不再是单一化的专业素质,而是跨学科、跨文化、跨语言的综合素质,这成为对"一带一路"国际中文人才的新要求。

最后,国际中文人才的培养路径问题。目前对培养路径的争论仍然莫衷一是,目前虽然受复杂国际局势影响,但是中外政府间互派留学生的努力一直在持续。正如上文所述,这种方式需要适应新形势的要求,避免培养出的人才方枘圆凿,或者在巨大的培养成本和漫长的培养周期下培养出的人才却不能满足现有的人才需求。针对这种情况,国际合作办学,通过教育资源的整合提升人才培养的效果是比较可行的办法,但是合作的主体尚需进一步确认,若仅仅是国内外两所高校,则显然不能整合"一带一路"人才培养的各种资源和信息,进行针对性的培养。针对整合力有限的问题,复旦大学、兰州大学等和来自8个国家的47所大学共同成立"一带一路"战略联盟,这是宏观意义上国际合作培养人才的有益尝试,而具体微观的培养路径则有待落实。

不论如何,在"一带一路"的新形势下,国际中文人才培养从培养内容到培养路径都已经打破原有对国际中文人才的定义,这是以现实需求为导向的人才培养的必然结果,也是必须认真面对的问题。立足目前整个"一带一路"国际中文人才需求的动态系统,有针对性地根据需求开启多校园、多证书、多国家的人才培养模式,将是今后"一带一路"国际中文人才培养的必然选择。

(三)关于国际中文人才培养系统要素研究

1.培养理念

相关研究主要集中于人才需求、国家治理和共同体建设等三个递进层面:以语言促进民心相通,以国际中文人才支撑其他"四通"建设,培养理念应以国际需求为导向;体现并提升国家的语言治理能力;服务于"一带一路"建设及更高层面的人类命运共同体建设。[①]

2.培养目标

在"中文＋"共识基础上相关研究沿"线—面—体"方向不断深化:培养"一带一路"建设所需"中文＋专业"复合型人才为单线目标;服务国际市场需求的语言产业面;"汉语＋职业教育"作为新增长点拓展了目标体系。[②]

3.培养主体

目前该研究集中在新时期的两个转变:一是人才培养主体由高校转变为政府、企业、智库等组成的联合体;二是由国内高校转变为沿线国家,争取使中文教育纳入其国民教育体系。为实现人才的高质量培养,需要协同事业、企业、慈善业创新,打造培养主体品牌形象。

4.培养内容

作为公共产品的中文需要"赋值"、增加其学习价值及国际应用,"一带一路"建设的顺利开展需要讲好中国故事,后疫情时代应急语言应列入培养内容,完善语法体系,最终建设完善的中文教育学科体系。[③]

5.培养评价

新时期"一带一路"国际中文人才培养需要从方向、质量、目标、作用和影

---

① 潘懋元.新时代中国高等教育改革与发展:今天、明天与后天[J].高等教育研究,2020(9).

② 赵杨.汉语国际教育的"变"与"不变"[J].天津师范大学学报(社会科学版),2021(1).

③ 李泉,孙莹.中国文化教学新思路:内容当地化、方法故事化[J].语言文字应用,2023(1).

响等方面进行学位制度改革和质量评估设计。[①] 需要对二语习得及二语课堂教学进行研究与反思,对学习者学习行为、交际能力等人才培养要素的动态关系进行研究,对汉语语法系统要素进行动态考察分析。

三、"一带一路"国际中文人才培养模式研究

（一）"一带一路"国际化人才培养相关研究

"一带一路"倡议提出后,学者们的研究主要集中在国际化方面,语言是新时期国际化人才必须考虑的因素,同时语言问题被列为民心相通的重要环节,因此被视为为"一带一路"铺路搭桥的先行机制。随着"一带一路"工作的深入开展,就"一带一路"沿线国家的国际中文人才培养问题,学者们立足于不同的视角给出了他们的思考。

周谷平、阚阅从宏观角度论述了"一带一路"人才培养的内生路径包括强化国际意识、深化课程教学改革、鼓励出国留学和海外实践、加强高校与产业界合作、加强高等教育质量保证等和加强来华留学教育、开展多层次海外办学的外延路径。[②] 辛越优、倪好认为要培养"一带一路"国际化专门人才,必须以跨学科的方式进行,另外还要科学制订人才规划、设立"一带一路"国家留学基金、充分利用已有的国际化人才资源来完善人才引进机制和实践平台等。[③]

沈鹏熠在构建一套对我国高校"一带一路"国际化人才培养过程和结果进行考核的指标体系的基础上,提出了"知识、能力、素质"三位一体的我国高校"一带一路"国际化复合型人才培养模式,并明确了该人才培养模式对知识、能力和素质的具体要求。[④]

---

① 钟英华.汉语国际教育专业学位水平评估的方向和质量导向[J].天津师范大学学报(社会科学版),2021(1).

② 周谷平,阚阅."一带一路"战略的人才支撑与教育路径[J].教育研究,2015(10).

③ 辛越优,等.国际化人才联通"一带一路":角色、需求与策略[J].高校教育管理,2016(4).

④ 沈鹏熠."一带一路"倡议下我国高校国际化人才培养研究[J].职业技术教育,2017(31).

　　李盛兵站在区域的视角考量中国与"一带一路"沿线国家的高等教育合作问题,建议一方面要积极搭建中国与这些区域高等教育合作的平台,包括区域教育部部长会议、学历互认条约、大学联盟和高等教育论坛;另一方面,中国政府要鼓励和支持各类高校参与"一带一路"建设,与中国企业携手走出去,传播中国文化、知识和教育模式,增强和扩大中国文化和教育的国际影响力和影响范围。① 还有学者建议推动"一带一路"沿线孔子学院形成院际密切合作的战略联盟,并与海外中资企业构建双向共赢合作机制;整合国际教育资源,成立行业性质的大学联盟;以提升培养能力和水平为目的,创新校企合作模式;开展"宽领域、国际化、复合型"人才订单式培养,直接对接企业人才需求。

　　国务院办公厅 2017 年 12 月 19 日发布的《关于深化产教融合的若干意见》,提出以产教融合为内涵,促进教育链、人才链与产业链、创新链有机衔接,形成"全素质链"的人才培养模式。王科认为要实施响应"一带一路"倡议需求,增设人才培养项目,并成立合作研究和培养机构,增加对沿线国家的招生以及针对"一带一路"的专题培训项目,倡导建立大学联盟以形成服务"一带一路"人才培养的合力,强化同参与"一带一路"建设的企业和地方的合作。②

　　以上是学者们对"一带一路"国际化人才培养模式的思考,而落实到"一带一路"国际中文人才的中心议题上来,首先要建立与国内国外相关机构联合培养人才的新模式,在课程方面要将外语水平和跨文化能力的培养放在同等重要的位置,同时把中国文化提升至和经济商贸同样的地位以作为国际化人才的必修课。其次要做好市场调研与资源调配、促进汉语推广形式的多元化、打造中文国际文化品牌、以专业的水平测试优化专业教育、构建开放型的资源共享平台等。

　　2017 年 5 月,厦门大学海外教育学院召开了"'一带一路'文教融合与人才培养论坛",大会集中讨论了"一带一路"沿线国家人才培养,尤其是国际中

---

　　① 李盛兵.我国与"一带一路"国家高等教育合作:双边的视角[J].大学教育科学,2017(4).

　　② 王科.服务"一带一路"倡议的理工科人才培养实践与研究[J].云南民族大学学报(哲学社会科学版),2018(2).

文人才培养的问题,大会取得了丰硕的成果,这也标志着"一带一路"人才培养模式的研究成为现阶段学者们研究的核心议题之一。

(二)关于人才培养模式理论构建研究

1.构建基础

人才培养理论构建的基础是问题导向,厘清国际中文教育存在哪些问题,哪些需要进一步调查至关重要。与此同时,教学资源库建设、教学模式改革为亟需,[1]服务"一带一路"建设的专题数据库处于初创阶段,需要突破资源、机制、标准和语言等障碍,亟须优化升级;[2]基于互联网的大数据挖掘与分析是呈现国际中文教育市场态势的有效方法,为人才培养模式的理论构建提供数据支撑。

2.构建方法

新时代教育智能化引起人才培养范式转型,国际中文教育是一门新兴的交叉学科,其有关人才培养理论体系需要重新构建,[3]应综合运用全球视野比较法、整体系统分析法、大数据量化研究法,针对人才类别分层构建培养体系,通过趋势分析和对比分析发现国际中文学习者的需求特征。[4]

3.理论框架

"一带一路"国际中文人才培养是一项复杂的系统工程,复杂动态系统理论(Complex Dynamic Systems Theory)具有较强的适配性。该理论可以追溯到 Vico 的《新科学》,在教育学领域、语言学领域得到广泛应用,其描述式回溯和质性建模方法也不断吸收量化研究方法而趋于完善。

---

① 贾益民.新时代华文教育的融合与发展:在第四届国际华文教学研讨会上的总结发言[J].世界华文教学,2020(1).

② 司莉,刘莉.我国"一带一路"专题数据库服务功能优化策略[J].图书馆论坛,2021(9)。

③ 叶澜.新时代中国教育学发展之断想[J].中国教育科学(中英文),2021(5).

④ 吴应辉.国际中文教育新动态、新领域与新方法[J].河南大学学报(社会科学版),2022(2).

（三）国际中文人才培养模式内涵界定

人才培养模式是根据人才培养的目标和需求而制订出具有一定周期的系统性计划,包括人才培养的理念和目标、主客体、路径发展和制度模式等要素。[①] 落实到"一带一路"国际中文人才培养模式上来,其研究主要包括培养特定人才类型的现实基础和培养的理据路径两方面内容。为什么培养涉及培养理念和目标问题;怎样培养包括培养主体、培养内容、培养方式、培养评价等内容。[②] "一带一路"国际中文人才培养的主体不但包括服务于"一带一路"建设的学生,还包括在地培养这些学生的师资力量;培养内容已经超出了单纯的汉语本身,包括外语、专业以及交际能力等,概括起来就是"中文＋";培养方式方面,学分互认、证书融通等国际紧密合作是大势所趋,跨文化、跨学科、跨校园多元化培养成为新的主流;政府引导、高校落实、企业反馈、智库研究等共同组成人才培养评价队伍,实践和理论的紧密结合建立起完善的人才培养评价体系。通过这一系列的过程构建起"一带一路"国际中文人才培养模式。

"一带一路"建设的不断推进产生了大量的人才缺口,人才的匮乏对中国高等教育提出了新的挑战。以人才需求类型、地域分布、素质特征为出发点,基于"一带一路"建设需要提出的国际中文人才培养模式包含如下六个要素:(1)培养理念。人才培养需要树立"全球观"理念和"全人类"的格局感,契合建设人类命运共同体愿景。(2)培养目标。人才培养的直接目标是为"一带一路"建设提供人才支撑。(3)培养主体。新形势下人才培养的主体不再局限于高校,而是转变成中外政府、高校、智库、企业和社会组织等组成的联合体。(4)培养内容。以提升学生的汉语交际能力为主,同时融合"一带一路"所需的专业知识,落实"中文＋"的政策方针。(5)培养方式。"一带一路"沿线国家不同国情要求人才培养要以国别化的方式进行。(6)培养评价。在满足国际人才培养五个标准的前提下,人才培养评价体系由多方参与建设而成,从而保障人才培养质量。模式还需借助大数据挖掘、数据库建设、AI技术等手段,提高

---

① 董泽芳.高校人才培养模式的概念界定与要素解析[J].大学教育科学,2012(3).

② 聂建峰.关于大学人才培养模式几个关键问题的分析[J].国家教育行政学院学报,2018(3).

人才培养效率,最终构建起以需求为导向的"一带一路"国际中文人才培养模式,为"一带一路"教育共同体建设工作提供学理支撑和应用借鉴。

第三节　问题分析

学者们对后疫情时代"一带一路"国际中文人才培养问题的研究,可概括为以下几个方面:

一、人才培养供给侧结构性改革研究较为翔实,人才需求侧调查相对匮乏

新冠疫情冲击下,学者们的研究主要集中在"一带一路"人才供给侧结构性改革,讨论如何培养中文人才、培养什么样的中文人才。学者们强调要巩固中文教育的基本盘,凡是有中文学习需要的国家、地区、行业、企业或个人,都应该得到精准的支持。学者建议考虑国际中文教育的全球布局,用更多资源支持对中国更具战略意义中文教育市场,考虑进行一国一策有规划有重点的精准扶助。为此,建议通过调查获取国际中文教育需求信息,以便把握动向、提供帮助;提高国情吸引力、满足学生学习汉语的需求是国际中文教育的出发点。对"一带一路"沿线国家的中文人才培养状况进行系统化调查非常必要,学者们已充分意识到需求侧调查的重要性。

截至目前,"一带一路"直接投资达 1.2 万亿元,共建项目 8148 个,产生大量人才缺口。有学者从实践的角度通过对"一带一路"沿线国家和企业的详细调查,对外方当地初通汉语人才、外方当地复合型双语人才、外方当地双通人才和中方双通及复合型人才进行比较分析,得出"一带一路"建设人才匮乏的结论。孙春兰副总理在国际中文大会上指出各国中文学习需求持续旺盛。厘清这些人才需求的地域分布、行业层次和数量特征非常有必要,学者虽然对局部地区有过一些分析,但从整体上看则缺乏系统性和全方位的实地调查,中文人才需求的具体图景尚不清晰,需要进一步进行研究。

二、语言型人才培养研究充足,复合型人才培养尚在探索阶段

长期以来,国际中文人才培养的重点集中在语言人才的培养上。李泉教授从学科建设的角度出发,认为疫情影响下的 2020 年是国际汉语教学学科的转型之年,学科建设的取向与内涵需要重新规划,教学理论和学习理论研究的内容也应转型升级。国际中文教育的目标是教好中文,让中文教学与研究促进应用语言学学科发展,让汉语教学为构建人类命运共同体服务,国际中文教育学科应回归语言主业,夯实学科基础,赋予国际中文教育特色交叉学科之内涵。学者们通过研究从理论上肯定了中文语言主业的重要性。

随着"一带一路"建设工作的推进,孙春兰副总理在第十三届孔子学院大会上提出"汉语+"的人才培养主张,又在 2019 年国际中文教育大会上强调深度融合的培养理念。周谷平、钱玉莲、沈骑、辛越优等从不同层面倡导人才的复合培养,提出国际中文人才应具备"语言应用+语言教学+语言开发"的能力。孙宜学通过对"一带一路"中亚国家的中国企业实地调查,提出应该培养"双语/多语+跨文化交际+应变能力"的复合人才;指出掌握语言不是目的而是手段,掌握语言的目的是要运用语言来获取信息、知识、技能等,应当树立"中文+"的理念。

学者们的思考推进了"一带一路"人才培养从"语言"到"语言+"的转型,为国际中文人才的复合培养开拓了思路。实际上,国际中文人才培养是一项系统的工程,仅仅做要素"+"法的人才培养,最后的结果是既"+"得不够深入,也"+"得不够彻底,"一带一路"建设需要的是国际中文人才,这就需要从跨专业、跨文化、跨语言的角度进行系统化融合培养。

三、人才培养的具体要素研究深入,有针对性的系统培养模式研究不足

近几年,学者们对国际中文人才培养要素及培养方式的转型思考较多。从人才培养内容方面而言,强调要注重通俗文化教材的编纂,对外讲好中国故

事;要重视国际语言生活中的中文应用,把人类的思想文化成果注入中文,持续增加中文的学习价值,为中文"赋值";要重视国际中文教育共享素材库的建设问题。人才培养方式方面,大力发展在线教学是国际中文教学化危为机的必由之路;线下线上相结合是未来汉语教学的趋势,要加强教师现代科技素养的培养;要做好教育发展规划,以应对传统的学校课堂教学向互联网线上教学的转型。

学者总结了目前国际中文人才培养面临的挑战,包括中文教师的信息素养亟待提升、数字化教学资源建设亟待加强、传统的教育教学模式亟待改革、现行的教学管理模式急需创新等问题,涵盖了教师、教材、资源库、教学方式等人才培养的具体要素,而针对"一带一路"沿线国家的中文人才培养的系统化研究尚不多见。吴应辉讨论国际中文人才培养六多六少问题,胡范铸将孔子学院的中文人才培养总结为"中文＋文化"的人才培养模式,崔希亮呼吁国际中文教育为建设人类命运共同体服务。

现在处于转型期的孔子学院人才培养模式需要进一步研究;中文覆盖的产教融合、平台式办学、中外合作办学等系统化的人才培养模式都在探索阶段,也为本书有针对性地研究后疫情时代"一带一路"印尼国际中文人才培养模式提供了借鉴。因此,通过以上对相关文献的梳理总结,可以看出以下趋势:

(1)学者们对"一带一路"国际中文人才的高质量培养虽已达成共识,但目前的研究比较宏观,如何有针对性地进行实地调查、要素分析和理论构建,如何选取有代表性的个案进行具体的人才培养实践,尚需进一步探索。

(2)中国—东盟战略伙伴关系(RCEP)已经建成,中印尼共建"一带一路"成绩瞩目,印尼为个案代表的中文教育市场潜力有待释放,"一带一路"中文人才需求特征需要动态监测和数据支撑,关注度、态度、传播态势等一系列数据指标需要提取刻画。

(3)"一带一路"中文人才高质量培养愿景下,以印尼为个案的国际中文学习者的学习行为特征需要实地调查和数据分析,人才培养的理念、目标、主体、路径、内容和评估等指标体系需要系统构建,以此为基础的"一带一路"人才培养动态数据库需要建设。

(4)百年未有之大变局下,学者们对人才培养问题和转型向度进行了积极探索,亟须通过代表性个案系统构建"一带一路"中文人才培养模式,从而揭示国际中文人才培养的普遍规律,国家人才培养体系和人才战略也需要借此完善。

综上,"一带一路"高质量发展背景下,以印尼为个案的中文人才需求需要调查厘清,基于互联网大数据的印尼中文市场学习需求需要挖掘和呈现,人才培养指标体系需要提取刻画,需要以市场需求为导向系统构建人才高质量培养模式,建立"一带一路"人才培养动态数据库,创新人才培养机制,解决人才供需的结构性矛盾。

第四节　研究目标

一、印尼国际中文人才培养与教育共同体建设

从"一带一路"倡议构建人类共生共荣的命运共同体以来,作为呼应,教育部随之下发关于构建"一带一路"教育共同体的相关文件,这些作为纲领性文件,提出很多美好的愿景,需要很多具体的构建计划以保证其实施,这正是本书讨论"一带一路"印尼国际中文人才培养问题的政策性依据。

在新的国际形势下,各国家各地区显示出共同构建人类命运共同体的气概,"一带一路"倡议提出正顺应这一潮流。倡议从提出到今天,一系列的愿景已经开始显露实绩,"丝绸之路"留学推进计划、"丝绸之路"合作办学推进计划、"丝绸之路"师资培训计划以及"丝绸之路"人才联合培养等一系列计划逐步实施,政府设立的各级奖学金也相继到位,但是就整体而论,目前"一带一路"建设人才需求与中国和沿线国家当前人才培养模式之间存在着明显的脱节问题,这正是本书的出发点。

汉语人才一直是一个莫衷一是的笼统概念,内涵不清则培养路径不明,本书结合国内外最新研究成果,对"一带一路"国际中文人才的内涵进行严格的界定,并提出目前国际中文人才培养系统面临四个基本的大问题:第一个是

"一带一路"印尼国际中文人才概念问题;第二个是可供性视野下东南亚各国汉语人才培养的现实图景及问题;第三个是怎样以复杂动态理论的视角构建"一带一路"印尼国际中文人才动态系统模型;第四个是怎样构建起以"一带一路"需求为导向的印尼国际中文人才培养模式,以及切合东南亚诸国国情与现实需要的国别化人才培养模型。这四大问题分别用四个词语表示就是人才理念、现实图景、培养路径、切合所需,本书正是回答这些问题并提出相应的解决方案。

　　本书从宏观系统的角度出发来研究这些问题,借"一带一路"命运共同体构建的历史契机,抽绎出"一带一路"教育共同体构建的现实需求,阐述"一带一路"人才培养与教育共同体二者之间是宏观与微观、愿景与行动不同视角的表述,实质上乃是同构关系。随着中国步入新常态社会,"一带一路"国际人才培养遭遇新挑战,传统人才培养系统面临新情况,需要新的人才培养系统适应新情况,这个系统构建是复杂动态因子改变的结果。

　　另外,作为人类命运共同体的重要体现,以印尼为代表的东南亚教育共同体研究意义重大。从历史角度而言,东南亚覆盖了海上丝路经济带,占据了"一带一路"建设内容的一半;从现实角度而言,亚太地区是当前全球事务的重点,不但因地理位置重要,也因其与中国地缘接近,是中国周边命运共同体构建的重要内容;东盟作为一个地域共同体不但展现了其命运诉求的一致性,也展现了其内在政治、宗教、文化、经济、地域、气候、人口、资源等种种的复杂性,从这个角度而言,探讨"教育共同体"构建的可能性则具有标本示范的作用,可以推而广之,光而大之。

二、印尼国际中文人才高质量培养要素分析

　　本书选取了以混沌理论及生物学理论为基础而诞生的复杂动态理论为基础框架,首先系统性地追溯复杂动态理论的渊源及特征,并以此为基础图解出以印尼为代表的东南亚国家国际中文人才培养的原生轨迹,考虑到"一带一路"倡议作为国际中文人才培养系统中强有力的新生吸引因素,东南亚国家国际中文人才培养各要素不断地相互适应和调整,呈现出新的状态,以此重点勾

勒出"一带一路"视野下国际人才培养复杂动态系统理论框架。

"一带一路"印尼国际中文人才培养作为一个宏观复杂动态系统,其内部包含着各个层级的子系统,这些子系统至少体现在三个主要方面:第一个是从微观视角而论的学习者系统,包含学生的背景、学习动机、情感认知及学习策略等因素;第二个是中观视角上的人才培养系统,其中包括国际汉语教育的教室、汉语教师、汉语教材、课堂教法、学校性质、学校层次、地域特征、语言政策等等,这些中观层次的因素都是具体而可感的,它们属于人才培养的原生系统;第三个是宏观层面的人才培养环境系统,包括一个国家的政治政策、民族特性、文化背景、宗教信仰、地理位置、气候状况、地缘政治、外交状况、技术发展、经济基础等方面的因素。这些子系统层层向外晕染开来,各子系统之间、系统与要素之间、要素与要素之间相互作用,共同构成了"一带一路"印尼国际中文人才培养的复杂动态系统。

"一带一路"视野下国际人才培养复杂动态系统要素需要进行详细的切分,在复杂动态系统下找出人才培养各动态因子,也就是最基本的要素,整个系统呈现出积木结构,每块积木正如生命之 DNA,不同的 DNA 决定不同的性状,或者几组 DNA 决定一个性状。同样,人才培养要素也可以重新组合,形成模块、模块与模块、模块和要素、要素和要素都可以重新组合,形成新的复杂动态系统,服务于外界需求。本书亦致力于"一带一路"视野下国际人才培养模块构建。

在对以上三个人才培养子系统进行要素切分之后,切分出若干一级要素及若干二级要素,建立起量化分析标准或质性分析标准,学习者系统可以通过问卷调查的方法确定其背景、情感、动机和策略对学习效果的影响;人才培养系统可以通过量化和质性相结合的方式进行分析;人才培养的环境系统着重叙述"一带一路"影响因子,在对宏观的政治、经济、文化等因素进行质性分析的基础上,以东南亚各国的"五通指数"作为量化分析基础,最终落实到"一带一路"国际中文教育状况上来。

根据以上分析的结果,以可供性作为理论视角,先从宏观的角度仔细分析印尼人才培养的历史变迁、文化传统、地理风俗和教育政策等要素,并以印尼具有代表性的人才培养个案为依托,详细地阐释其国际中文人才培养的现

实图景和原生状况,力图找出其人才培养系统形成的原生轨迹,分析为什么会
呈现出这样的形态,以确定"一带一路"环境下的影响因子如何发挥作用。根
据东南亚各国人才培养的三个子系统中这些较大吸力的影响因子,以印尼真
实情况为基础,构建出国别化的人才培养系统模块。

三、需求导向下的人才培养模式构建

本书以印尼作为切入点,用大数据挖掘的方法得出相关数据,并用各种数
量统计或建模的方法总结出"一带一路"人才需求现状,包括人才分布、素质要
求、需求量等因素,这些因素成为构建"一带一路"中国—印尼人才培养模型的
基础。

从"五通"角度出发,用大数据挖掘的方法挖掘出近几年来以印尼为代表
的"一带一路"沿线国家的经济发展状况,用可视化的方式呈现出中国与印尼
在"一带一路"建设过程中的投资贸易额、投资项目数量、投资覆盖行业、基础
设施建设状况、金融和网络互联互通情况等,搜集整理出汉语学习和来华留学
生的数量,通过历时的方法呈现出其发展状况,并用 SPSS 进行相关性分析,
得出相关结论。

与此同时,本书在对中国—印尼政治经济、投资贸易、互联互通等方面穷
尽式的数据挖掘的基础上,通过相关分析得出"一带一路"印尼国际中文人才
需求的行业覆盖状况,并用可视化的方式展示出来。以此为依据,从复杂动态
系统的角度出发,梳理出过去和现在各国家和地区人才培养复杂动态系统,结
合东南亚国家人才培养的历史轨迹与现实状况、培养特点以及在新形势下所
面临的问题,构建出能反映整个东南亚特点的人才培养总模型。

这一人才培养总模型反映的是东南亚各国汉语人才培养系统的最大公约
数,很多变量会因各国国情不同而有所差别,为反映出印尼本身的国际中文人
才培养状况,文章在总模型的基础上,结合各国人才培养特征变量,总结出适
合印尼的国际中文人才培养模型。

总的来说,传统人才培养的特点表现为独立性和封闭性,各国家、各地区
因其自身需求衍生一套自给自足的人才培养模式,随着全球化时代的来临,主

流文化价值形成轴心,围绕此轴心,人才培养呈现出单向度输出或者输入的特点。而复杂动态理论下的"一带一路"印尼国际中文人才培养系统充分考虑到了各个变量的情况及其相互关系,解决了高校、企业、智库和政府等因素相互脱节的问题,用系统的视野考量印尼国际中文人才需求及培养,订单式的培养,多校园、多证书、多国家的人才培养模式,使印尼国际中文人才培养各要素充分优化配置,以"一带一路"建设的真实需求为导向,培养目标和培养路径清晰明确,人才培养更有针对性,既节约了成本又提高了效率,避免了资源的浪费。

回归现实,其实中国—东南亚国际人才培养早已踏上征程,但是因为种种问题,尚未建立起畅通的教育共同体,因此,通过这些个案分析,例如厦门大学马来西亚分校、东盟学院、国外院校的努力等,在可供性视野下展现出其人才培养的现实图景和不足,然后以需求为导向,在复杂动态系统下重新构建"一带一路"人才培养模型,构建起真正休戚与共、互联互通、共生共荣的"一带一路"中国—东南亚教育共同体。

以"一带一路"国际中文人才的真实需求为导向,在印尼国际中文人才培养的复杂动态各要素之间影响关系客观呈现的基础上,综合构建出适合东南亚各国国情的人才培养模型,对"一带一路"上中国—东南亚国际人才培养具有标本性的意义。另外,因为东南亚具备了"一带一路"沿线国家和地区所具有的各种复杂性特征,"一带一路"东南亚教育共同体之构建也可以推广到沿线国家和地区,具有非常广阔的应用前景。

因为条件限制,"一带一路"印尼国际中文人才培养的模型需要精确化,本书在量化研究和质性分析的基础上采取建模的方法,将复杂动态系统各变量数据化和可视化,并使之更容易检验,这需要更大程度的跨地域、跨学科的合作,需要投入极大的人力物力进行数据的搜集整理,因为资料搜集难以穷尽,缺漏在所难免,所以,印尼国际中文人才培养模型系统需要在今后的实践中逐步发展完善。

四、印尼国际中文人才高质量培养途径

通过总结和梳理相关文献可知,就目前的情况来看,印尼国际中文人才培

养的途径包含以下几个方面：首先是代表国家意志的孔子学院，承担着政策引导的重大任务，开始了"以量图大"到"以质图强"的进程，但其不能包办所有的人才培养任务，只能起到政策引导、文化交往、国际形象传播和培训等作用；其次是高校联盟，这是培养高端创新为导向的研究型汉语人才的基地，培养的周期一般较长；再次是校企合作和校智合作，开展国际中文教育的学校与相关产业相融合，或者以相关研究智库为依托，有针对性地培养产业所需的人才；最后是校地合作，无论是中国院校还是外方本地院校，它们扎根地域，培养切合本地所需的特色型汉语人才，它们是国际中文人才培养的主力之所在。

在中国—东盟共同体视野下，通过对该共同体背景和意义的详细梳理，根据中国和东盟的政策交往、合作意向及建设实绩，确定印尼国际中文人才培养执行系统。

本书通过分析印尼的政治、经济、文化以及语言政策等国情，并通过对学习者和企业的深入调查研究，分析出学习者的学习特点和学习偏好，在全球化大趋势下和"一带一路"建设的背景中调查出国际中文人才的真实需求，并以历史进程中有效的语言人才培养模式为借鉴，构建出全球化视野下国际中文人才培养的模式。归根结底，这些模式还要放在现实存在的各个人才培养系统中去执行，分层次、国别化、多维度、交叉视野，优化先前的国际中文人才培养模式，使国际中文人才培养更具有针对性和有效性，服务于中国和东南亚国家共同发展大计。

第二章 复杂动态理论下国际中文人才培养研究

第一节 复杂动态系统的理论特征

一、复杂性的产生

古希腊哲学家亚里士多德在其著作中较早论及系统的问题,他以人的身体作为例子,人的头、手、腿、脚等部位都具有各自的功能,但只有它们合起来形成一个统一的整体,才可以发挥更大的功能,他把这种现象概括为整体的功能大于部件。在这里,亚里士多德不但充分描述了系统是由一组或一群相互作用的对象或行为主体构成的,而且明确了系统整体大于局部的特点。

由此我们发现,单独谈论某一个对象,不仅容易犯机械主义的毛病,还有流于还原主义的风险。例如中国传统文化概念中的五行,可以是金、木、水、火、土五种单独的实体,也可以理解为对世界五种性质的划分,五行在漫长的历史演变中不断被赋予新的意义,在某种场景之下成了庄严的象征,并和人们的日常生活、社会身份、民俗仪式紧密联系在一起。如果单独地谈论"金",因其意义过于复杂,人们可能不清楚你是指一种化学元素 Au,或是中国古代乐器八音的一种,或是实实在在的金钱,抑或是中国古代的一个朝代。但是如果把它放在"五行"这个系统中,意义就相对明确,人们就会明白你是指金属,或者像金属一样坚硬的一类事物。

"五行"构成了我们所熟悉的最简单的系统,五行之间相生相克的关系更贴近系统的本质。相生的层面,木可以钻而生火,火焚而生沃土,土里埋藏黄金,金矿生在水边,流水滋润万木生长;相克的层面,金属工具砍倒树木,春天草木萌芽破土而出,土筑而成堰以拦水,水可以熄灭燃烧的火,烈火可以融化金属。

人们对五行各要素单独的解释,即使将它们比附于时间、方位,加之以吉凶祸福,看似为五行与万事万物的联系增加了深度,但是这种任意联系的背后缺乏必要而严谨的论证,因此有了迷信的嫌疑;而人们对五行之间相互联系的论述,则凝结了对日常现象的细微观察,闪耀着科学的光芒。

遗憾的是五行之间这种相生相克的联系,并不是在特定场域内真实发生的故事,而是人们头脑中经验概念的积聚与组合,除了这个逻辑上看似自洽的封闭循环之外,并没有创生多少新的东西。这五者之间真实的作用需要在特定的环境下才能发生,或者置于宇宙尺度上的空间内才能进展,它们之间相互作用所产生的结果也会远远超出人们的想象。

现在看来,还是老子对宇宙的想象更接近现代科学的解释,关于宇宙的创生,老子神秘地写道"有生于无"。按照现在科学家们对宇宙的研究,其在大爆炸之初除了巨大的能量空无一物,爆炸之后大概一个普朗克时间内,即 10^{-43} 秒内,宇宙撕裂成有形的物质与未经证实的暗物质。

随后老子继续猜想,"一生二,二生三,三生万物"。假如宇宙太初巨大能量由无而至是为有生于无,那么一生二则是物质与暗物质的分野,二生三可以进行各个层次的想象,关键的环节是三生万物。如果说前面两句的阐述有点牵强附会的话,那么最后一句则道出了系统内主体间作用效果的终极真理。

明白了这个道理,我们才能深刻地理解亚里士多德所谓整体功能大于部分的含义,使用老子的思想放在宇宙的尺度上进行解释,系统功能的最大效果便显得惊心动魄了。亚里士多德认识到的系统和收音机电路板一样,各个部件固定在线路板或身体上,现实中系统的各部件却是相对独立的,重要的是不需要大脑这个中枢的统一调配。

试想一下,在上海陆家嘴或南京路人潮汹涌的十字路口,如果有个统一的指挥中心来安排哪些车辆或哪些人先行、如何行进,那么,出于科学合理的要求,需要对每辆车、每个人的运动轨迹数据进行收集,以便对其行进做出合理的预测和恰当的通行安排,这又是多么庞大的运算,根据现有计算机的算力,这将几乎不可能实现。

苏联计划经济的壮举将中枢协调的力量充分展现出来,但最后系统涌现出崩溃的消息,也证明了事情的不可持续。同样,人们所熟知的美国 NASA(航空航天局)火星登陆计划,科学家本可以研究出复杂而精密的火星登陆器,问题在于一旦这个设备有一个螺丝钉出现故障,这台耗资不菲的设备就等于打了水漂。

如果以低廉的价格生产一组火星登陆车,让这些火星登陆车分别承担通信及协调等相关功能,那么可以想象,即使其中一台机器出现故障,也并不影响其整体工作效果,这些登陆器会彼此适应,最终涌现出全新的工作模式,从而保障整体工作的正常运行。这也就是迄今为止 NASA 的科学家们没有在巨额设备上耗费精力,转而投向复杂系统研究的原因了。

人的大脑也是复杂系统运行的最佳代表,大脑依靠轴突和树突发射神经递质,从而控制整个身体机能。医学研究的结果告诉我们,如果一个人脑部受到了伤害,那么他某个肢体的行动或者语言能力将会受到影响。但是只要持续地给予某种刺激,并假以适当的时日,就会发现大脑内的神经系统会相互适应出新的通路,这也就是卒中患者可以康复的深层逻辑。

从以上例子可以看出,不论是童年岁月中那台收音机,还是五行的概念系统,甚至是浩瀚的宇宙星空,这些都是封闭性的系统,从中抽绎出的物理定理需要置于理想环境中才能成立。真正的复杂系统具有开放性的特点,这种开放性表现为可以随时加入新的行为主体,也可以有行为主体从原有的系统中淘汰出来,系统行为主体间的相互作用一直都在进行。

通常状况下,复杂系统所涉及的行为主体数目巨大,作为典型的系统,一窝至少几百万只的非洲白蚁,纳斯达克约 4400 支上市的股票,2022 年数量达到 10.67 亿的中国网民,数千只穿梭翻飞上百公里的椋鸟,墨西哥下加利福尼亚半岛的鱼群风暴……这些庞大的群体看起来总是在有序和无序之间交错,并且时刻保持运动的态势,科学家们称之为动态变化。

与此同时,这种复杂系统表现出有记忆的特征。面对复杂系统相互作用的行为主体,试想去除一个行为主体将会发生什么?比如一辆光鲜亮丽的保时捷跑车,舒适的红色小牛头皮座椅肯定是其重要的组成部分,如果将其去掉,或者换成塑料箱将会怎样?人们发现这样做并不影响汽车的运行,只是在舒适性和速度上有所减损而已,这样由不同元素拼合起来的系统叫作复合系统。

不同于复合系统中行为主体的作用地位,去掉复合系统中一个元素并不影响整体正常运行,而在复杂系统中,即使去掉一个微小的要素,也可能会引起整个系统性质的彻底改变,要么涌现出新的性质,要么整个系统陷入崩溃。想想去掉汽车发动机上小小的火花塞将会怎样?经验会告诉人们,如此复杂炫目的技术成果,没有火花塞也只是废铁一团,整个系统失灵,这便是复杂系统和复合系统的根本性区别。

现在从外部对复杂系统进行测试,试想一下,一群由 8768 只椋鸟组成的觅食团体,当它们在空中自由翻飞时,一只椋鸟的翅膀遭遇不明飞行物撞击,它赶紧收缩一下翅羽,这时整个鸟群或许会随着突然而来的小小的疼痛改变内部的结构,随着结构的调整从而改变飞行轨迹,从一个半径 50 米的扇形变成宽度 30 米的箭头,或者可能会涌现出难以预料的惊奇结果。

同样,郁郁葱葱的亚马孙热带丛林中一只蝴蝶毫无预兆地扇动翅膀,或许只是因为嗅到 1000 米外百合花散发的芳香,受到刺激的蝴蝶下意识地动了动翅膀,身边的蝴蝶们不知情由,只是茫然地同频共振,威力所及甚至可以在加利福尼亚州掀起一阵风暴,这便是我们熟悉的蝴蝶效应。作为复杂系统的典型代表,蝴蝶效应向我们展示复杂系统的另外一个特质:对初始效应敏感。

2004 年诺贝尔物理学奖得主弗兰克·维尔切克在《万物原理》中分别以空间、时间、场、定律和动态复杂性为主题进行关于复杂的论述,他发现极少数定律如电磁力、强力、引力和弱力,以及极少的组成部分如物质的质量、荷、自旋等三个基本属性,或者电子、光子、引力子等基本粒子,可以产生无限的复杂性。而从 0、1、2、3、4、5、6、7、8、9 十个数字中随机挑选数字按一定的规则组合,无限运行下去,便可以产生任何能够想象的可能性。

同样,一只猴子坐在打字机前,只要给予足够时间,它便可以打出莎士比亚十四行诗;如果随意给定一些词句,按照语法规则无限重复,就可能写成2025 年诺贝尔奖物理论文;生命科学的研究中,有机生命的 DNA 四个碱基对任意组合成丰富的生命体,简单细胞演化为复杂生态系统,让后世人不敢相信,这么复杂的结构就像是几十万个零件摔在一起成了一架波音飞机。①

二、复杂理论特点

复杂动态系统是以系统性的视角解释事物和现象本身的多样性和关联性,还原构成事物各要素之间动态互动的复杂性特征,因此也使之具有复杂性、开放性、非线性、涌现性和自组织性的特征,并且一直处于相互影响和不断变化之中。

正如上文所述,复杂动态系统所具有的动态性、非线性、开放性特征以及其所表现出的自组织性和互动性颠覆了传统意义上的语言理论、假设、数据、分析与方法。传统概念的因果律开始让位于共适应性(co-adaptation)及突现性(emergence)。语境不再是背景因素,而是演化成了复杂系统本身,同时和其他复杂系统交叉关联,而变异性作为系统行为的体现具有越来越重要的意义。

1994年,霍兰(Holland)提出了他的复杂适应系统(complex adaptive system),其显著性特征主要表现在以下四个方面:(1)适应性主体有感知和反应能力,自身有目的性、主动性和积极性,能与环境和其他主体随机进行交互作用;(2)适应性主体从一种多样性形式转变为另一种多样性形式,一起演化生成无数能完美相互适应并能与环境相适应的适应性主体;(3)复杂适应系统具有平衡无序和有序的能力,其平衡点就是混沌的边缘;(4)适应性主体在多种简单规则的支配下相互作用,产生涌现现象。

事实上,语言也是一个复杂动态过程的产物。语言绝不是孤立的存在物,它是复杂动态系统作用过程的结果,必须把语言置于复杂动态系统之中才能凸显其本质。生物学上的研究印证了这一过程,科学家在研究人体形成的过程中发现,细胞是在复杂的系统中不断分裂和相互作用的结果,而非人们认为的在生命孕育之前就有特定的基因形成特定的人体器官。过程本身才是事物存在的本质,语言其实就是复杂动态系统作用过程的结果,对语言学和应用语

---

① 戴维·多伊奇.真实世界的脉络[M].北京:人民邮电出版社,2022.

言学的研究,只有把视野扩大至整个语言存在的复杂动态系统机制,才能更好地理解其本质。

从这个角度来看,语言本身也是一个极为微妙而复杂的系统,并且是一个无时无刻不在与周围的环境发生关系的系统。在复杂动态系统理论的视阈下,语言本身是一个不断卷入新的变量又不断发生动态交互的过程系统,在同一个时间维度的横切面上难以静态地考察所有变量之间的关系,而通过建模和数据分析则可以推演出各个变量之间在时间延展线上的互动关系。

因此,复杂动态理论所要研究的中心任务已经不仅是预测语言的发展方向,而且是转移到了通过反观的方式来解释系统发展的轨迹,以及系统本身所引发的行为变化。也就是说,语言的各要素发生了什么样的变化,以此作为依据,重新构建语言系统内部各要素,关注各要素之间互动以及变化发展的过程,这样的研究过程不是推断(prediction),而是反观(retrodiction);不是预测(forecasting),而是回顾(retrocasting)。

受混沌理论以及莫兰(Morin)的影响,美国密歇根大学语言学和教育学系的学者拉尔森-弗里曼(Larsen-Freeman)从 1997 年开始将自然科学的混沌理论引入语言学和应用语言学研究领域,提出了复杂动态语言学研究的新课题,她与 Lynne Cameron 合著的《复合系统与应用语言学》(*Complex Systems and Applied Linguistics*)2000 年由牛津大学出版社出版,书中她反复强调复杂动态系统的特质:动态性、复杂性、开放性、非线性、自组织性、自适应性和涌现性。

用这个理论来审视应用语言学,无论是语言内部的发展和特点还是语言外部的学习及应用,都具有革新性质的意义,它带来的是思维方式的重大转变,运用复杂动态理论对之前的语言学研究重新进行系统性的思考,或许会有新的发现:

(1)语言研究的范畴或许不能简单地切分为语言能力和语言运用两个部分,语言是在使用的过程中持续成型的,或许可以称为结构过程(structure process)。

(2)应用语言学研究应该寻求增加学习者在目的语社区的参与度,而不是仅仅获得社区语言。

（3）语言被视为一个开放的、持续发展的而非闭合的系统。

（4）语言学习不是对语言公约的复制，而是革新、创造的过程。

（5）教不一定会引起学。

（6）语言学习任务不是静止的框架，而是可变的进化系统。

（7）对话意义被理解的达成不是通过根据意义对词语进行选择，而是复杂动态过程的结果。

（8）语言教学是学习者个体自适应的过程。

如果语言教学和研究的真实状况是以上所述，那将会怎样？拉尔森-弗里曼和莱妮·卡梅伦对语言学和应用语言学研究的重新思考有助于我们从另外一个角度观察语言学及应用语言学研究的本质。如果在更广阔的视野中去看待人才培养问题，或许所要考虑的要素和要素之间的动态关系要复杂得多，但是更接近国际中文人才培养的真实生态，这也是本书思考印尼国际中文教育与人才培养模式的理论基石和分析框架。

三、复杂理论的意义

如上文所述，2000多年前古希腊哲学家亚里士多德论述社会的结构和功能时曾发表断言：离开人体的手臂不能称之为手臂，作为部分不能独立于整体而存在，同样，个体不能独立于社会整体而存在，整体的功能大于个体，离开社会存在的个体要么是野兽，要么是上帝。[①] 也就是说，社会正是一个庞大而复杂的动态系统，只有在系统各因素相互存在的过程中，人才有存在的意义。从那个时候起，亚里士多德已经从整体的观点去审视各个部分之间的复杂关系和功能呈现。

然而，文艺复兴之后的数百年来，随着学科体系的成熟，各个学科之间划定了明确的界限，认识到人的有限性，研究者们穷其一生在各自所在的学科领域为社会的进步和发展贡献了自己的力量，也为知识殿堂增加了坚实的基石，我们看到这种精细的学科划分有着非常科学的依据，问题的呈现也到了极为

---

① 亚里士多德.政治学[M].罗念生，译，北京：中央编译出版社，2008:8.

微观的层面,有利于更有针对性地去解决问题。

从另一个层面来讲,对精细学科的过于执着,使各个学科之间筑起了一座座高高的围墙,学科之间壁垒日趋森严,这不但限制了研究者的学术视野,也使很多问题得不到有效解决。事实上,正如美国密歇根大学的霍兰(Holland)教授所言,各个部分之间相互作用,形成复杂系统结构,这种成分之间的相互作用使事物呈现出复杂性和多样性的特征,系统在表现部分特征的同时,还传递着作为整体而产生的新特点。①

这种整体系统的思维方式在中华五千年文明的漫长河流里早就有了遥远的先声,中医的系统性理论方法和实践,将整个人体及周围环境看作一个复杂系统,在动态复杂关系中寻求病因,而非头疼医头,脚痛医脚;周易中对天、地、人三才的考量,以及其识人断事上下四旁错综复杂的思维方式,渗透在其后的经典著述《道德经》和《孙子兵法》之中,这种系统性的思维方式一直作为中华民族的思想精粹而延续至今。

正因为如此,复杂动态理论的诞生使对于问题的整体性研究路径得以真正回归,该理论正是建立在混沌理论、计算机理论、生物学理论、认知科学、控制、系统论、信息论等一系列跨学科的基础之上,以跨学科的视野来考量问题的方式,还原了事物内部及各要素与所处环境各要素之间的复杂状况。构成事物的各个组成部分并非简单地物理叠加,而是有机地互动和相互影响,其关系也不是机械性的因果线性关系而是系统性关联。

在自然界和日常生活中,复杂动态状况是人们难以接受和理解的,人们用最简单的模式去理解这个世界,化复杂动态过程为静止的实体,化生活的过程为简单的故事和既定的态度、归因和特性。正是人类认识世界的特点遮蔽了这个世界本身的复杂性,正如在现实世界中人们看到的仅仅是树木、河流和人这些静态的实体,而忽视了孕育树木、河流和人类的土壤、气候等诸多条件,而事实上,只看到静态个体是无意义的,因为它们只在复杂动态系统过程中存在,没有这个复杂动态的过程,它们也就不复存在,这是复杂动态理论的基石。

郑通涛教授将其研究的成果结集成系列著作出版,他将核心著作命名为

---

① 霍兰.隐秩序:适应性造就复杂性[M].周晓牧,韩晖,译.上海:上海科技教育出版社,2008:1-91.

《国际汉语教学背景下的跨学科语言学研究》,以复杂动态系统理论作为其理论根基,以跨学科的广阔视野来审视语言学领域所遭遇的新情况和新问题,其真知灼见得到了国内外专家学者的广泛而热烈的响应,这些正反映了现阶段国际中文教育研究方面的前沿和趋势。

第二节　国际中文人才培养模式复杂特征

一、国际中文人才培养复杂动态系统特征

美国语言学家拉尔森-弗里曼借用 Spivey 的观点,运用了一个生动的比喻,她把复杂动态系统看作在野外漫步时遇到的风景和地貌特征,移步上山或者下越溪谷,如果横亘在前面的溪谷太深就停下来,除非你积蓄足够的能量越过去。这个比喻清楚而形象地表述了复杂动态系统的发生状况,以及怎样随着时间的延展而发生变化,漫步的轨迹在溪谷和原野之间存在着各种交变的可能性,两个溪谷之间的山脊反映了复杂动态系统中的变化。

在这个图形之中,各种力量及相互作用的情况都清楚地显示了出来,平坦的山脊和凹陷的溪谷成了力量的指向之地,对于个人在这幅图景中漫步的轨迹系统都起着相应的影响,溪谷的深度、山脊的平坦度、路途的距离等共同发生作用,使漫步者根据自身的情况做出各种可能的选择,这个过程本身就是复杂动态系统内部各要素及吸引因子如何相互作用并对主体发生影响的真实呈现。

从这个理论框架出发,东南亚 10 国的现有汉语教育和人才培养现状,是根据本国的国情,在长期的历史演变和对外交流过程中逐渐得以定型而成的,影响一国人才培养的主要因子包括政治政策、教育规划、民族特性、文化背景、宗教信仰、地理位置、气候状况、地缘政治、外交状况、技术发展、经济基础等因素,这些因素又可以切分为更多的次级因子,这些因素无时无刻不进行着动态的相互影响,各因素各层面全面连接,形成了一个复杂动态状况,并且以系统的面貌呈现出来,就是我们现在所能看到的人才培养现状。

　　按照复杂动态系统理论的发展观来看,事物的发展,包括语言的发展,既不是单纯的认知心理过程,也不能完全归因于社会文化对其发生作用的过程,而是多层次环境、多类型资源在复杂层次不断相互作用的动态发展过程,鉴于其发展轨迹呈非线性结构,事物发展的不可预测性成了复杂动态系统的显著特征。另外,不同于传统观点所认为的事物发展的线性关联,事实上,复杂动态系统中,各项因素相互作用,其发展的轨迹呈非线性状态。由于各变量不断变化,外加变量间复杂互动,系统行为变得不可预测,输入和输出不再具有恒定的比例关系。

　　印尼国际汉语教育与人才培养本身就是一个系统,这个系统本身又将受到其他各级系统的影响,比如东南亚各国之间国际中文人才培养系统的影响,东盟作为一个区域性的共同体对各国汉语人才培养系统的影响,更为重要的是中国的"一带一路"倡议及对沿线国家的大量投资和支持,这将构成对各国原有汉语人才培养系统强有力的吸引因素,与先前培养系统的各要素产生动态的相互影响,形成新的复杂动态状况。

　　复杂动态理论与国际中文人才培养最相关的显著性特征就是上文所论述的系统内部各要素的全面连接。一个复杂动态系统由构成这个系统要素的多种变量以及参数构成,这些变量和要素之间相互联系、全面连接,处于永远的运动状态之中。新的系统产生于个体相互作用过程之中,同时产生于要素与要素、要素与整体的互动中。系统内部某个变量细微的变化不仅会引起其他变量随之变化,甚至会引发整个系统发生变化,亚马孙河旁边的一只蝴蝶振翅,会引起美国西海岸的一阵风暴,即通常所说的"蝴蝶效应"。

　　"蝴蝶效应"显示了系统内部一个微小的变量能引起整个系统的变化,这个变量的能量很小,但是正好在系统内部各要素相互影响中所起的作用非常之大,正如海洋中洄游的巨大鱼群,像一个热带风暴的漩涡,这是一个复杂动态系统,而一只小鱼突然改变航向,可能会引起整个系统的改变。改变这个系统的可能是能量很小的因素,也可能是巨大的吸引力,比如温暖的洋流传送过来大量的鱼虾,但并不是所有的因素都能够使整个系统发生改变。

　　因某种能量的改变而引发变化的系统暂时呈现出混沌的状态,在混沌到达临界点上之时,涌现的特征开始表现出来,这标志着一种新的复杂动态系统正在形成,系统内部的各种因素具有自组性(self-organization)。通过自组,系统在"吸引状态"(attractor state)的作用下,表面上处于停滞,原有系统内部出现某种新的强有力的控制参数,从而推动了整个系统各变量的重组,在不断涌现和系统内部不断自适应的过程中,形成新的复杂动态系统。

如果把中国近些年来倡议的"一带一路"作为复杂动态系统中的吸引因素的话,那么因为其与东南亚各国的汉语教育和人才培养关系甚为密切,对国际中文人才培养的各个变量诸如政策导向、设施状况、经济基础、文化背景、宗教信仰、地理位置、气候状况、地缘政治、外交状况等发生全面连接,东南亚各国原有的国际中文人才培养系统受其影响,通过自相适应和自我组织,会逐渐涌现出新的系统,即东南亚"一带一路"国际中文人才培养系统,这也正是本书研究的理论原型。

二、印尼国际中文人才培养复杂动态系统构建

上文从理论上对印尼的国际中文人才培养进行了探讨,在复杂动态理论的视野下,考虑到印尼及其所在东南亚各国培养国际中文人才的原生轨迹,以及中国"一带一路"倡议提出之后,以人类命运共同体的理念对区域政治和国际关系提出了新设想。事实上,近几年来中国同"一带一路"沿线国家共同建设的实绩再次证实了人类命运休戚与共。虽然其本身人才培养系统有个体差异,由于系统的多种成分在多层面上复杂互动,每个系统均遵循自身的轨迹自组发展,个体差异不可避免,但从整体上而言,东南亚"一带一路"国际中文人才培养的系统中又增加了一个强有力的吸引因子,这是本书研究"一带一路"印尼国际中文人才培养的理论基石与模型发端,接下来就"一带一路"印尼国际中文人才培养问题进行逐步的模型建构,力图清晰而准确地表达此观点。

按照复杂动态理论的研究方法,该理论对于个体差异的研究集中在质性研究方法或定量研究—质性研究相结合的混合研究法中。在复杂科学研究中,通常通过量化建模的方式来完成理论建构,但在社会科学和人类认知研究中,量化建模难以做到,复杂动态理论的奠基者拉尔森-弗里曼建议采用质化建模(qualitative modelling)和动态描述(dynamical description)的手段来替代。

对于这种使用质性研究和定量研究相结合的混合研究方法如何进行建模的问题,复杂动态理论的先驱 Larsen-Freeman 与 Cameron 提出复杂动态系统研究的五步建模法:第一步找出复杂动态系统内部的各个组成成分;第二步找出复杂动态系统运行的时间维度与社会维度;第三步描述复杂动态系统内部各个成分之间的动态关系;第四步描述复杂动态系统与周围环境如何互相适应与自我调整;第五步描述复杂动态系统的动态发展过程:混沌、涌现、新的开放系统形态。就语言研究方面,Dörnyei 进一步明确复杂动态理论研究三大原则:第一,聚焦语言系统发展的吸引状态;第二,找出典型的吸引因素组合;第三,找出并分析典型的动态发展模式。这三个原则,对我们研究"一带一路"印尼国际中文人才培养系统有着重要的启示意义。鉴于此,本书所使用的研究策略可以使用"反溯法"(reproductive qualitative modelling)。这种研究方法和通常所谓的向前指向、以预测(pre-diction)为目的的研究策略不同,反溯法的观点认为应以系统的现有状态为出发点进行逆向反溯(retro-diction),从而找出导致这个系统逐渐演变成现在这个结果的各类因素组合,从而在此基础上建立质性关系模型。

本书的主体是在复杂动态理论的视阈下研究印尼"一带一路"国际中文人才培养模式问题,而理论的模型上文已经详细论述,因此,接下来本书围绕着论文的核心要素——人才、培养、东南亚分别进行模型搭建,从每一个核心要素具体情况着眼的话,每一部分都是一个复杂动态系统,这些系统相互影响、相互交织、全面连接,在动态的相互作用中呈现出涌现性的特征。

基于此,本书先从作为整个印尼国际中文人才培养系统部分的人才系统、培养系统和环境系统等三个子系统着手,分别论述这些系统的组成要素及其特征;要素之间又是怎样发生影响;随着吸引因素的出现,三个主要系统又是怎样发生影响;系统各要素在动态的相互作用中又是怎样最终涌现出一个新的系统。下面就通过建立初级模型的方式进行一一论述。

三、国际中文人才培养系统要素分析

（一）国际中文学习者系统

人才因素是系统中最核心的要素，在东南亚各国的大环境下，在"一带一路"国际汉语教育的语境内，学习者根据自身背景，究竟会做出怎样的选择，其所运用的策略是什么，又是什么样的动机促使学习者这么做，这些问题将成为本小节研究的重点。

戴运财和王同顺进行二语习得研究时，运用复杂动态理论系统框架建构了一个二语习得动态模式图，将环境因素、语言因素和学习者因素作为组成二语习得复杂动态系统的三个子系统，三个子系统相互作用，到达中介语学习发展阶段，最终实现二语学习的目的。

这个二语习得的动态模式图以二语习得作为最终标的，体现了环境因素和语言因素对学习者本身的影响，以中介语的发展作为过渡阶段的二语习得动态模式。关于学习者因素的部分，文章借鉴了 Dörnyei 的研究成果，Dörnyei 在古希腊哲学家柏拉图的启发下，以人类的认知特征为基础将组成人心智的认知、情感和动机三个维度分别作为三个子系统对待，构建学习者的复杂动态关系模型，据此对学习者的因素进行系统的切分与分析。

学习者的系统因子主要包含二语学习中个体认知差异、个体情感差异和学习者的学习策略等三个大类，如果再进行继续切分，其中个体认知差异又可以切分为学习者智力、语言学能和工作记忆等三个方面；个体情感差异则可以继续切分为学习动机、学习态度、学习风格、性格特点、焦虑感和交际意愿等六个方面；而学生的学习策略部分则又可以切分为元认知策略、认知策略和情感策略等三个方面。Dörnyei 指出个体差异的因素与二语成就的相关程度超过了其他任何一个二语学习的变量。[1] Gardner 和 Skehan 研究发现，学习动机

---

[1] Dörnyei Z. The Psychology of the Language Learners: Individual Differences in Second Language Acquisition[M]. Mahwah: Lawrence Erlbaum, 2005.

和语言学能是对二语学习结果最有预测力的两个因素。① Ellis 甚至认为任何对二语习得的阐释若没有充分考虑学习者个体差异因素的作用都是不完整的。② 学习者因素在二语习得的输入"交互"输出过程中对语言的理解、加工与产出机制均发挥重要的影响作用。③

Finch 在研究教学活动时发现,教室本身就是一个复杂动态系统,从微观入手考虑到个体因心理、学习策略、优先学习目标等造成的差异,然后从宏观的学校性质、社区属性、地域特征进一步推导,再扩大到国家的政治、经济和文化层面的影响,并以之为中心构建起学习者学习的复杂动态关系模型。④

根据上述学者研究的结果,考虑到各因素之间的复杂动态关系,通过对学习者相关的认知、情感、策略等因素以及其二级因素之间的相互关系的重新调整,学习者系统内部各要素清楚地显现出来。关于印尼"一带一路"国际中文人才培养中的学习者子系统可以用图 2-1 表示。

通过图 2-1,我们可以看出,"一带一路"国际中文人才培养的子系统各因素之间的动态关系比较清晰,以学习者为中心,通过向内和向外两个方向的构建完成,向内主要是学习者的个体认知差异,包括学习者的智力水平、汉语学能、大脑记忆等三个方面;还有构成学习者个体的情感差异,包括汉语学习动机、汉语学习态度、汉语学习风格以及学习过程中表现出来的性格特点、学习焦虑感、与周围人们的交际意愿等几个方面;最后是学习者的学习策略,包括对学习汉语行为本身认知水平的元认知策略、汉语学习认知策略和学习汉语过程中所使用的情感策略等方面,围绕这些相互影响、相互作用

---

① Gardner R. Social Psychology and Second Language Learning: The Role of Attitude and Motivation[M]. London: Edward Arnold, 1985.

② Ellis R. The Study of Second Longuage Acquisition (2nd edition)[M]. Oxford: Oxford University Press, 2008: 720.

③ Dörnyei Z. The Psychology of the Language Learners: Individual Differences in Second Language Acquisition[M]. Mahwah: Lawrence Erlbaum, 2005; Robinson P. Aptitude, Ability, Context, and Practice[M]// DeKeyser R M. Practice in Second Language Learning: Perspectives from Linguistics and Cognitives Psychology. Cambridge: Cambridge University Press, 2007.

④ Finch A E. Complexity in the Language Classroom[J]. Secondary Education Research, 2001, 47(105).

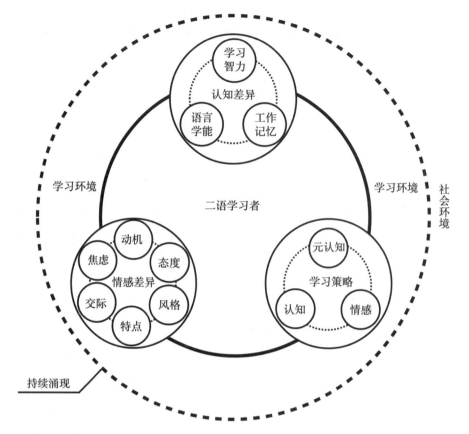

图 2-1　国际中文学习者复杂动态系统模式图

的因素,构建起关于学习者的"一带一路"国际中文人才培养系统复杂动态子系统。

(二)国际人才培养系统

如果说"一带一路"国际中文人才培养系统中的学习者子系统属于微观层次的话,那么作为"一带一路"国际中文人才培养系统三大子系统之一的人才培养系统则属于中观层次。东南亚各个国家根据其不同的历史传统、风俗文化、地缘政治、民族特色、宗教信仰、地理气候、政治经济、外交关系等因素,形成了其独特的人才培养系统,国际中文人才培养系统作为其中的一部分,自然也体现着系统整体的特征,这个中观层次的切分标准,在学习者自身到国家的语言政策之间,其中包括国际中文教育的教室、汉语教师、汉语教材、课堂教法、学校性质、学校层次、地域特征、语言政策等,这些中观层次的因素都是具体而可感的,围绕着学习者层层向外扩展开来,共同构成了国际中文人才培养系统的子系统,它们属于人才培养的原生系统(如图 2-2 所示)。

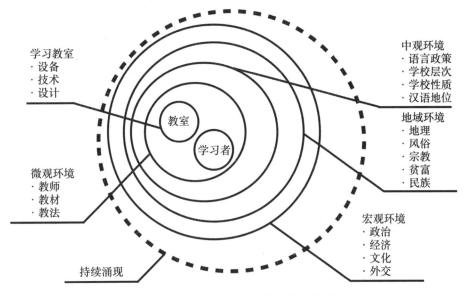

图 2-2　国际中文人才培养复杂动态模式图

通过图 2-2,我们可以明确地看出人才培养子系统内部各要素的关系,每个要素之间都有动态的制约关系,这些要素相互作用,共同构成了"一带一路"国际中文人才培养的复杂动态系统,接下来描述各要素之间如何发生作用。

一个国家根据其独特的历史传统,经过时间积淀和各种影响而形成的关于人才培养的理念会在一个国家的宏观语言政策和语言规划中体现出来。政府教育部门的语言规划落实成教育方案,为各学校人才培养计划的制定提供宏观的参考依据;学校会根据其所属性质的不同制订出差异性的培养计划,以适应学校办学宗旨和办学理念;根据各个学校自身的培养计划,确定课时数和教学目标及培养路径,合理而恰当地布置教室、选择教材、安排教师,以更好地服务于本校的教学目标;学校所在的地域和方言区也将会影响学校培养计划的制定,以更好地适应当地的风俗文化状况以及学生自身的区域性差异状况。

这些影响因子有时候看起来只是一个笼统的概念,为了进行准确的测量或者调查研究,还可以做进一步的切分,语言政策可以切分为第一语言状况、第二语言地位等;地域特征可以切分为城乡差异、方言使用、人口构成等;学校层次可以切分为初级、中级、高级,或者中小学、补习班、大学专业、孔子学院等;学校性质可以切分为公立学校、私立学校、国际支持的机构运营(法语联盟、歌德学院等);教师可以切分为本土教师、外聘教师;教材可以切分为自编教材、本土教材和国内教材;课堂教法一般很少使用单一教法,可以根据主体风格进行分类;教室可以切分为传统教室、电气化教室、多媒体教室等。

通过这一系列的切分,构成印尼国际中文人才培养系统的一级要素和二级要素清楚地展现出来,再经过一系列的实地调查,构建出印尼国际中文人才培养动态系统模型图,展示出人才培养各变量之间相互影响的关系。

(三)人才培养的动态因素

上文分别从微观层面讨论了印尼"一带一路"国际中文人才培养系统中的学习者子系统,以及作为中观层面的人才培养子系统,接下来将进行宏观层面的讨论,这涉及在国际汉语教育的过程中,必须考量到一个国家的政治政策、民族特性、文化背景、宗教信仰、地理位置、气候状况、地缘政治、外交状况、技术发展、经济基础等方面的因素,这些宏观的环境因素交织在人才培养的各个环节,和人才培养的其他各要素保持一种动态的互动关系,不断涌现出新的复杂动态状况(如图2-3所示)。

如果把这些一级要素进行切分,一个国家政治政策其选择的是自由资本主义、立宪制、君主制还是社会主义;民族特性是温润还是彪悍;宗教信仰以伊斯兰教为主还是以基督教、印度教或者佛教为主;地理位置对于区域格局和地缘政治有怎样的影响;气候状况形成怎样的文化习俗和民族特性;其与周边国家的政治、外交和经济合作状况如何;国家的经济发展程度怎样;围绕国际中文教育,其技术发展到了什么样的程度,这些因素都需要仔细梳理,以确定在整个系统中各自发挥什么样的作用。

和微观学习者子系统以及中观培养系统不同,前两者有着非常明确的指向性,可以通过量表的方式进行数据收集,从而测量出其发展和影响的程度,

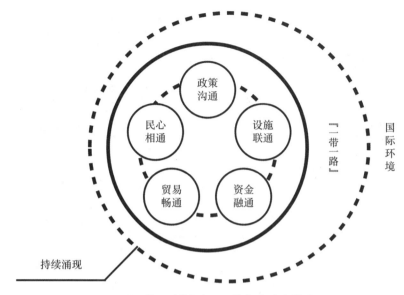

图 2-3 "一带一路"东南亚环境复杂动态模式图

并通过建模直观地将其表现出来,宏观层面环境的影响则很难通过量化的方法进行测度,可以通过话语分析等研究方法进行质性的描述,通过对具体文件的详细分析为基础阐述出宏观环境对人才培养的影响因子及吸引参数的大小,构建起宏观环境因素的复杂动态模型。

(四)国际中文人才培养系统涌现性特点

复杂动态系统表征的系统内部各要素全面连接、相互影响,这种动态的相互作用发生在各个变量之间,也发生在各个层次之间,要素与要素、要素与子系统、子系统与子系统、子系统与整体系统、要素与整体系统也都发生着相互影响,呈现出非线性、开放性、动态性和不可预测性的特征,并在不断的相互作用关系中涌现出新的状况。

如上文分析,"一带一路"印尼国际中文人才培养系统是由学习者系统、培养系统和环境系统三个子系统构成的,其外部又受更大的国际环境因素的影响和制约,这些因素一起构成了"一带一路"印尼国际中文人才培养系统的总体模型,如图 2-4 所示。

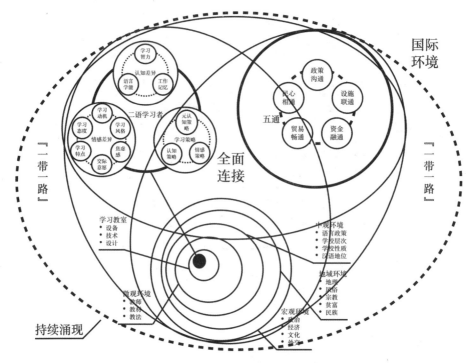

图 2-4 "一带一路"印尼国际中文人才培养复杂动态模式图

从图 2-4 可以看出,"一带一路"印尼国际中文人才培养系统及其各要素全面连接,而中国的"一带一路"倡议以及近几年来的建设实绩则是一个重要的吸引因子,势必会引发印尼及其所在的东南亚各国原有整个国际中文人才培养体系的系统性改变,在混沌状态的边沿通过不断的动态性自适应和自我调整,新的人才培养系统将逐渐涌现出来。

根据宏观、中观和微观三个层面生成的印尼国际中文人才培养理论模式,需要回归现实,回归到中国—印尼共同体视野下的培养路径中来,通过这些执行系统发生作用,为"一带一路"建设培养人才。

第三节　国际中文人才培养模式动态构建

一、人才培养模式构建原则

基于复杂动态理论的视角对"一带一路"倡议下人才培养问题进行探讨，必须理解"一带一路"建设的复杂性、人才需求的动态性和人才培养的系统性。在人才培养各要素中，单纯改变单个变量已经无法解决问题，必须站在系统的角度进行整体性审视。

首先，理解复杂。在复杂动态理论的视野下，世界并不是要素间简单的因果线性关系形成的，而是由诸多彼此相依、相互关联的要素连接在一起，它们按照一些基本的规则随机地互动而成不同的系统。与此同时，事物之间的发展并非一味的竞争关系，更多的是适应和协调发展，呈现出来的面貌就是非线性和突现性的状态，因此，无法预测未来世界会变成什么样子，只有保持对环境的持续关注，对环境中重要因素及其相关性程度尤其要重视。要研究"一带一路"倡议下的人才培养问题，必须对"一带一路"倡议所处的国际环境有深入的认识，对"一带一路"倡议下的人才培养的要素及其相关性关系要深入研究。

其次，复杂的产生。复杂性的来源在于环境系统的组成要素在简练规则的支配下产生相关性，而其与随机性因素结合之后才真正产生了复杂性现象。因此，在环境系统中，对首因非常敏感。初始条件即首因的一些细微变化，都会对过程和结果产生巨大的影响。最为大家熟知的例子是气象学家 Edward Lorenz 提出的蝴蝶效应。一个微小的不起眼的变化，会对整体环境产生极大的影响。在全球化的环境下，"一带一路"倡议属于初始因子，2013 年在哈萨克斯坦提出陆上丝路和在印尼提出海上丝路的时候只是简单的倡议，7 年之后，取得许多让世界瞩目的成就，"一带一路"倡议从设想变成现实，并在世界 6 大区域至少 65 个国家广泛开展。

再次，管理复杂。如上文所论，复杂系统是简练规则与随机性的组合。许多复杂表象的背后都有着其组织的基本规则。对复杂的管理需要把握其重要要素及由这些要素组成的系统背后的基本规则。因为系统是开放的,随时会有新的要素参与,所以系统永远处在自我组织的过程中。对于这样的复杂系统,单纯地改变某个要素或者下达某些指令是无济于事的,甚至会矫枉过正、适得其反。因此,对复杂系统的管理,最有效的办法就是根据环境状况建立互动规则,以简驭繁。

在现今的国际环境中,"一带一路"倡议下的人才培养是一个无比复杂的系统,需要把握人才培养要素及其背后的简单规则,即"一带一路"人才培养的普遍规律。人才的有效培养不能依赖于对人才培养要素进行单个干预,需要从系统整体出发,根据实际需要建立与系统环境相互适应的规则,才能实现人才培养复杂系统的有效运作和管理,换言之,在遵循"一带一路"人才国际化培养的普遍规律的基础上,构建"一带一路"倡议下的人才培养模式。

最后,混沌和涌现。当一个复杂动态系统的各要素发生关联和影响,这种关系超出系统原有的范围时,就步入了混沌的边缘,经过自组织和自适应从而发展出不同的系统来,此时常常会引起跨领域、跨专业的碰撞和交叠,而这些也常是创新的开始。传统的人才培养模式立足一时一地专业培养,"一带一路"倡议的语境下,先前人才培养的范式被打破,传统人才培养系统在"一带一路"倡议下不断产生跨领域碰撞,从人才素质内涵到培养方式都发生了改变。

拉尔森-弗里曼和卡梅伦针对复杂动态系统研究建模步骤与法则,[①]认为研究的重点应是在调查的基础上进行人类行为的质性建模。鉴于学生的汉语学习行为亦属于人类行为之一,在"一带一路"沿线各国复杂动态环境之下,借鉴拉尔森-弗里曼的研究范式,本书研究分析的步骤如下:

(1)确定构成"一带一路"沿线国家人才培养系统的各子系统及变量;

(2)在时间的维度上对"一带一路"沿线国家人才培养系统各变量在其发生作用的层面进行分析;

(3)详细描述"一带一路"沿线国家人才培养系统各变量之间的关系;

(4)对构成"一带一路"沿线国家人才培养动态系统及其子系统进行详细描述;

---

① 拉尔森-弗里曼,莱尼·卡梅伦.复合系统与应用语言学[M].上海:上海外语教育出版社,2013.

（5）确定"一带一路"沿线国家人才培养动态系统的吸引因素及吸引关系；

（6）研究作为吸引因素的"一带一路"倡议的影响力大小及其测度；

（7）描述"一带一路"沿线各国人才培养系统的原生轨迹以及吸引因素发生作用之后新系统的变化；

（8）围绕"一带一路"沿线国家的"五通指数"，描述其作为吸引变量所发生的作用；

（9）在吸引变量"一带一路"倡议发生作用之后，涌现出沿线国家人才培养系统的新状况，详细描述这种系统内部自适应和自我调整的过程，以及在此基础上形成的涌现关系；

（10）"一带一路"沿线国家人才培养复杂动态系统基础上形成培养模型，描述其特征及适应范围。

复杂动态系统模型有助于清晰地梳理"一带一路"沿线国家人才培养要素之间的复杂关系，并以此为基础解决人才培养过程中遇到的实际问题，借助于复杂动态理论才能把如此宏观的问题进行系统化解决。

二、人才培养模式分析

（一）"一带一路"国际中文人才培养宏观总体性模式

本书立足复杂动态系统理论的观点，对于"一带一路"国际中文人才培养模式的问题，根据"一带一路"建设的实际情况，从宏观的国家战略层面、中观的区域战略层面以及沿线国家微观国别化特征方面进行全方位、多层次关照，最终系统构建起"一带一路"国际中文人才培养模式，包括宏观视野的"一带一路"国际中文人才培养模式；中观视野的"一带一路"国际中文人才培养区域化模式；微观视野的"一带一路"国际中文人才培养国别化模式。

本书从宏观系统的角度出发来研究这些问题，借"一带一路"命运共同体构建的历史契机，抽绎出"一带一路"教育共同体构建现实需求，阐述"一带一路"人才培养与教育共同体二者之间是宏观与微观、愿景与行动不同视角的表述，实质上乃是同构关系。随着中国步入新常态，"一带一路"国际人才培养遭遇新挑战,传统人才培养系统面临新情况,需要新的人才培养系统适应新情况,这个系统构建是复杂动态因子改变的结果,上文所提出的这些问题简要表示就是人才理念、现实图景、培养路径、切合所需,本书正是要回答这些问题并提出相应的解决方案。

本书的研究意义在于通过以"一带一路"国际中文人才的真实需求为导向,在"一带一路"沿线国际中文人才培养的复杂动态各要素之间影响关系客观呈现的基础上,综合构建出适合沿线各国国情的人才培养模型,对"一带一路"国际人才培养具有标本性的意义。另外,因为"一带一路"沿线国家和地区所具有的各种复杂性特征,以复杂动态理论为基础的"一带一路"国际中文人才培养模式研究及模型构建,具有很好的适用性和非常广阔的应用前景。

"一带一路"倡议下的经贸投资与国际人才培养事业犹如"车之两轮""鸟之双翼",如果说中国和沿线国家及地区的经济贸易和项目投资是全球经济增长的显性力量,那么中国特色的高等教育和人才培养则是促进其持续健康发展的隐形推手,一方面是经济上"好风凭借力",推动中国与沿线国家共生共荣、共同发展;另一方面是文教上"润物细无声",促进中国与不同地区文明互鉴、服务"一带一路"建设,两者相辅相成方能运行无穷,共同托举起建设人类命运共同体的宏图大业。

人才开发与经济社会协调发展的匹配性是人才需求的主要参照,延伸过来也是分析"一带一路"人才需求的基本依据,这一基本依据符合马克思劳动价值论和柯布(Charles W. Cobb)及道格拉斯(Paul Douglas)生产函数的基本思想。[①] 按照上述理论,首先梳理一下该地区人才需求分析的理论基础,可以从贸易投资额、重大投资项目、人才政策分析和现场调查访问等四个维度进行逐一分析。

国际中文人才培养的直接目标就是填补"一带一路"与沿线国家经济建设工作所出现的大量人才缺口,同时"一带一路"建设的需求也对国际中文人才的培养理念提出了新要求。"一带一路"倡议下的国际中文人才培养从理念到

---

① Jantan H, Hamdan A R, Othman Z A. Human Talent Prediction in HRM Using C4.5 Classification Algorithm[J]. International Journal on Computer Science and Engineering, 2010, 2(08).

路径都已经打破原有集中在一时一地的单一专业培养的范式,发生了结构性的转变,这是以现实需求为导向的国际中文人才培养的必然结果,下面从三个方面讨论人才培养理念问题。"一带一路"愿景要求树立全球观理念,"一带一路"内涵要求多语言、跨文化培养理念,"一带一路"需求规定跨学科、复合培养理念。

"一带一路"国际中文人才需求为人才培养提供了清晰的导向,在此基础上,"一带一路"国际中文人才培养要素被赋予了新的内涵。这些人才培养要素相互发生作用,构成了一个不可分割的有机统一整体,需要进一步地对人才培养主体、培养内容、培养方式和培养评价等要素进行深入的分析,才能完整构建出更具针对性的"一带一路"国际中文人才培养模式,实现为"一带一路"建设培养国际中文人才的目标。

新形势下国际中文人才培养模式的构建属于顶层设计工作,它是立足于"一带一路"的宏阔背景、针对现实问题提出来的。吴应辉关于国际中文师资培养"六多六少"问题的论述正好也反映了国际中文人才的现状:(1)通用型教师培养多,国别化、区域化、语别化教师培养少;(2)需求层次多,培养层次少;(3)理论课程多,实习实践少;(4)培养数量多,对口就业少;(5)中国教师培养多,国外本土教师培养少;(6)国内独立培养多,中外联合培养少。总之,同质化培养多,区别化与精准化培养少。[①]

"一带一路"国际中文人才培养从一开始就具有全球视野,它的设计必须符合国际主流的价值观,这些也将是"一带一路"国际中文人才所必须拥有的价值观。另外,还要借鉴国外相关人才培养经验以及语言政策制定。根据上文所论述"一带一路"人才培养模式构建原则,国家之间政策对接、学分互认、营商环境、投资贸易、互联互通等对人才培养起着直接的导向作用;对"一带一路"企业的实地调查和对"一带一路"大数据的挖掘、分析、整理都是由智库来完成的;"一带一路"企业人才需求、聘用、专业要求、素质要求、实习培训等,企业起着重要的干预作用;"一带一路"国际中文人才的培养工作可以跨国家、跨区域、跨文化合作完成,也可以通过学生多校园、多国家、多证书的学

---

① 吴应辉.国际汉语师资培养"六多六少"问题与解决方案[J].语言战略研究,2018(6).

习来完成,由此可以构建出"一带一路"国际中文人才培养的总体理论模型(图 2-5)。

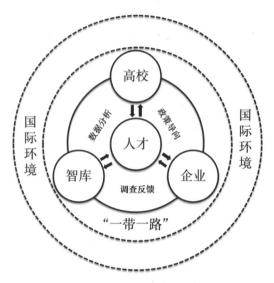

图 2-5 "一带一路"国际中文人才培养理论模型

"一带一路"国际中文人才培养的总体理论模型中,核心要素是人才培养,围绕人才培养的是培养环境、培养内容和培养方式等,周围是影响人才培养的各变量。实际上真正可以执行的模型还必须考虑到沿线国家的政治、经济、文化、法律以及学习者的国别化特征,以总体理论模型为基本思路构建出适合沿线国家的国别化模型,使人才培养更具有针对性和有效性。

(二)"一带一路"国际中文人才培养区域化模式

随着"一带一路"建设工作的逐渐开展,其推进的轨迹基本上是经济贸易和基础设施建设投资走向哪里,以民心工程和教育事业为代表的人才培养就延伸和覆盖到哪里。以"一带一路"沿线六个地区的需求特征为例,根据PEST 分析原理,每个地区以其特殊的政治环境、经济基础、社会状况和技术条件等变量的不同表现出不同的人才需求趋势。

亚洲地区大多数为汉字文化圈,在长达几千年的时间里,受中国传统文化影响较深,语言问题基本上不构成这一地区政治经济往来的障碍。从历史延伸到现实,国家信息中心的经贸数据在很大程度上反映了这一点,在所有"一带一路"沿线国家中,与中国贸易额排在第一的是韩国,[①]日本虽与中国有着历史问题,但并不影响经济往来,可以看出这一地区的人才需求已经基本上越过了初级阶段的单一人才,而迈向了更高阶段的高端复合型创新人才,这不单是历史的回声,也是现实的要求和深化。

1.西亚北非国际中文人才培养模式

西亚北非就是传统意义上所谓的中东地区,这一地区的 12 个国家组成了石油输出国组织(简称 OPEC 或欧佩克),这些国家的石油储量占世界石油储量的 3/4,覆盖着全世界六成以上的原油交易。这一地区主要使用阿拉伯语,其人才需求主要集中在政治环境相对稳定的沙特和与中国外交关系比较紧密的伊朗。截至 2018 年,中国在沙特投资或共建项目 25 个,工业项目 17 个;在伊朗投资或共建项目 15 个,工业项目 6 个。[②] 该地区主要需求是中文加上工业技术型的人才,当然还有政治谈判、公关和农业等人才。

以下将以"一带一路"大数据为基础和出发点,以国家提出的"一带一路"倡议为契机,通过系统搜集整理中国与西亚北非地区的贸易投资数据,在对权威数据广泛挖掘和分析的基础上,以西亚北非地区实际政治、经济、文化状况为依托,以该地区复杂的政治格局、民族宗教等问题为考量,对其影响国际中文人才需求的各因子进行综合分析,在数据和事实的基础上对这一地区人才需求及行业分布进行可视化的呈现,并以此为基础提炼出多国家、多校园、多证书的国际中文人才培养模式,为"一带一路"倡议下西亚北非国家的中文人才培养提供切实可行的建议。

西亚北非地区人才需求行业分布方面,对语言人才的需求占到了最为重要的位置,因为这一地区除土耳其说土耳其语、伊朗说波斯语之外,其余国家和地区以说阿拉伯语为主,这三种语言都属于小语种,本来学习的人数就少,再加上专业的需求,语言人才非常匮乏。其次是工业,因为该地区的自然资源

---

① 国家信息中心"一带一路"大数据中心."一带一路"大数据报告(2018)[M].北京:商务印书馆,2018.

② 国家信息中心"一带一路"大数据中心."一带一路"经贸合作大数据报告(2018)[R].2018-05.

特别丰富,这些石油、天然气、矿产等资源需要开发、开采、储藏与运输,相关的化学化工项目也需要大量人才;基础建设和贸易是该地区占经济比重非常大的两块,随着中国"一带一路"政策的推进,中国已经与该地区达成或参与重大项目97个,各类型项目1000多个。中国一直奉行不干涉他国内政的原则,所以政治方面保持友好合作;农业方面,因为该地区以干旱的热带沙漠气候为主,农业不太发达,所以该地区政治和农业相关人才需求的比重不大。

通过对上文影响人才需求的主要因子进行详尽分析,我们可以提炼出西亚北非地区的人才培养模式,首先梳理一下该地区人才需求分析的理论基础,本文从四个维度进行逐一分析,分析的思路如下:以人才需求为核心,首先通过数据的搜集与整理,得出影响该地区人才需求的进出口总额、对华贸易权重、贸易商品类型、贸易特征、地区问题、人才需求问题、互派留学生、投资项目、人才需求类型等12个要素,全面分析出影响人才需求的各要素因子;通过查阅搜寻与该地区经济、贸易、投资、企业等相关的大量文献,包括企业招聘广告、企业发展年鉴与规划等,了解到企业目前真正需要什么类型的人才;接下来我们用访谈调研的方法,对已经在该地区投资或者已经投资但项目尚未执行的企业进行实际访谈,调查项目的进行情况、遇到的困难和对人才的需求等;最后我们用理论推演的方法,基于以上收集到的大量材料数据,运用经济学、社会学的理论进行分析,最终得出一个相对全面而科学的人才需求结论,并以上述四者为维度,进一步提炼出适用于该地区的人才培养模式。

通过分析西亚地区人才需求各因子之后,在大数据的视野下通过文献梳理、调查访谈、数据整合、理论推演等得出对各类人才的大致需求,我们进一步提炼出该地区人才培养的模型,总结起来就是多国家、多校园、多证书人才培养模式,如图2-6所示。

这个人才培养模式中,居于核心地位的是由一方主导的多方合作机构,在政府政策的引导下,在企业人才订单与资金的支持下,在各专家组成的智库及机构的支持下,实行人才的多方培养策略,以一方为主导,根据实际需要对人才进行多国家的流动培养,在不同的校园中学习不同的知识,并获得相应的专业技能和学位证书。

多方合作其实是一方为主导、多方共同参与的模式,如果多方共同办学,

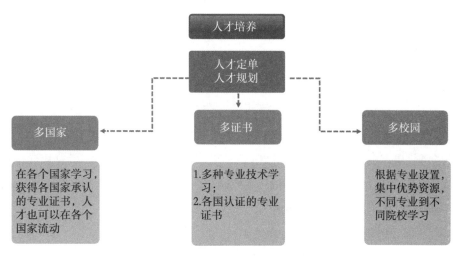

图 2-6 多国家、多校园、多证书人才培养模式图

则涉及办学各个方面的因素，没有发挥中外各教学机构的优势资源，也没有这些机构历史积淀下来的公信力和影响力，况且在管理方面也相当掣肘。所以，根据学生生源地、意愿、企业需求等，安排其以某个教学单位为主的多国家、多校园和多证书的人才培养。例如身在中国的学生，如果愿意在西亚北非国家有所作为，根据人才的实际需要，以厦门大学海外教育学院为主导，学生注册在厦门大学海外教育学院，学院根据企业对技能的需求，可以安排该生到土耳其中东技术大学学习相关技术，到阿联酋学习服务，到沙特学习贸易及阿拉伯文化等，并拿到相应的资质证书。

需要特别解释的是，政府在此过程中，全程参与和主持，协同企业和智力资源形成一种合力，对以一方为主导的多方合作机构鼎力支持，完成人才培养的流程。这时作为多方合作机构的整合职能就凸显出来：首先，需要整合政府、企业和智力集团的支持，进行顶层整合；其次，要根据实际情况制定培养方案，进行中层设计；最后，根据培养方案把学生派往不同的国家和地区学习，进行底层的落实，三个层面构成了人才培养的主体。

多国家、多校园、多证书人才培养模式集中了优势资源，根据西亚北非这一地区的特殊地情培养出"销路"对口的大量人才。在这个过程中，大学等教育机构的功能得到充分的发挥，设置了科学的培养计划，不同的专业被安排到不同国家和地区的学校就读;政策得到最大程度的落实;根据企业提供的人才需求进行订单式的培养,最终企业也得到了急需的人才。运用整合的力量把教育的空间大大拓展,把教育的时间大大缩减,同时又节省了教育的成本,以西亚北非地区为例,其培养的人才获得的证书是这些国家和地区普遍承认的职业技能证书或专业学位证书,因而可以在这一地区内自由流动,提高了人才的利用率。这种培养模式很好地解决了现在集中培养对口人才的机构特别少的问题,现存机构要么专业不对口,要么培养的人才与实际要求相去甚远,所以在实际操作中可以实行多国家、多校园、多证书的培养模式,为国家的"一带一路"倡议提供现实的和后备的人才。

2.中东欧国际中文人才培养模式

中国和中东欧地区联系日渐紧密,中欧班列的开通使货物运输和旅游往来更为方便,这一地区基本上属于传统的发达国家,有着良好的物质文化基础。从"一带一路"重点建设的"五通"的角度来说,中国与中东欧国家政策沟通有较大的契合度,并且相关的交通设施建设已经取得很大成就,贸易合作的成果虽然起起伏伏,但整体上看还是增长居多,双方对于金融建设都积极主动,文化交流一直保持旺盛的态势。"一带一路"建设推进越来越深入,政府、企业和民间发展的测度越来越多元,这一地区人才需求必然涵盖高端政策型、复合应用型和基础实用型等层次。

作为"一带一路"倡议的重要议题,"一带一路"中东欧地区的国际中文人才培养已经成为双边合作的重要内容之一。"一带一路"倡议下中国与中东欧国家教育合作不断深化拓展,然而中东欧地区历来存在复杂的民族宗教关系,个别地区政局不稳定,这些隐患给目前合作仍处于初始期的中国—中东欧国家教育合作带来风险与挑战,需要小心规避。中国与中东欧国家的中文人才的国际化培养是一项需要持续完善的系统机制,需要多方共同参与,更进一步合作,完善顶层设计,才能培养适合"一带一路"中东欧地区切实所需的国际中文人才。

需要阐述"一带一路"倡议下中东欧地区的所处的国际政治环境及其教育政策,详细梳理"一带一路"倡议之下中国和中东欧的经济贸易现状以及中国对中东欧国家的投资现状,通过对"一带一路"经贸投资大数据的分析,同时考量到国际环境和教育政策的影响,综合分析出中东欧地区的人才需求状况;然后根据该地区的人才需求特征对人才培养要素进行逐一分析,在此基础上,最终构建出"一带一路"倡议下中东欧地区的中文人才培养模式。

中国与中东欧16国在政策沟通、设施联通、经贸合作、资金融通和人文教育交流方面取得了令人瞩目的成绩,随着建设的推进,也产生了大量的人才缺口,"一带一路"建设需要人才提供支撑和后续力量。应基于中国与中东欧国家的经济贸易、重大投资项目和教育交流等方面的大数据分析,进行清晰的培养路径阐述,最后综合构建出"一带一路"中东欧中文人才培养模式。以上文分析为出发点对该地区的人才需求进行系统分析,构建出切合"一带一路"所需的人才培养模式,为沿线国家政府、企业及高校进行人才培养提供借鉴参考。

"一带一路"中东欧地区各国的政治经济状况、社会结构组成和历史传统及文化存在差异,"一带一路"要在该地区成功建设,人才是最关键的要素。通过对这一地区人才需求的分析和"五通"视野下"一带一路"的人才素质分析发现,中国高校传统的人才培养模式以单一型人才培养为主,对"一带一路"建设和社会发展需求反应相对滞后,新形势下很难支撑"一带一路"多主体、多层级的人才培养的要求,需要由政府、智库、高校、企业等组成的人才培养联合主体,在"一带一路"中东欧建设对人才真实需求的驱动下,通过协同合作、共商共建、资源共享等方式,分别开展高端政策型人才、复合应用型人才、基础实用型人才等不同层次的培养工作,他们之间是可以流动的,因此其人才培养模式也是开放的(如图2-7所示)。

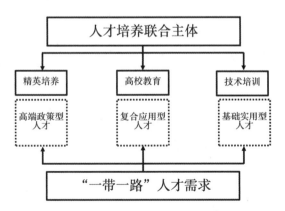

图 2-7　"一带一路"中东欧中文人才培养模式

在这个人才培养模式中,高端政策型人才培养模式属于精英教育的范畴,可以由政府和智库主导来完成;复合应用型人才培养模式属于高校教育的范畴,可以由中外高校合作共同培养;基础实用型人才培养模式属于技术培训的范畴,可以由企业和高校共同协作完成。国际中文人才培养模式中的政府,不但包括中国政府,也包括中东欧国家的政府,以及联合国等国际组织,在人才培养的过程中他们负责提供宏观的政策支持和一定的资金扶持,同时在"共商、共建和共享"的原则下通过政策沟通协调人才培养的内容和方向。

如上文所述,在以精英教育为主的高端政策型人才培养模式中,政府和智库是人才培养的主体要素,并在政府的国际交往中得到实践。复合应用型人才培养模式中,中国和中东欧国家之间高校进行合作,利用已有的设施条件和师资团队,发挥各自专业和区位优势。在以技术培训为主的基础实用型人才培养模式中,"一带一路"企业在跨文化的背景下培养切合其建设所需的基础性人才,实现"产学研"的紧密结合。这三种模式相互依存、不可分割,共同构成了"一带一路"中东欧中文人才培养模式的全貌。

3.东南亚国际中文人才培养模式

东南亚地区以及其组成的东南亚国家联盟,一方面是与中国接壤的周边命运共同体,另一方面是南中国的出海口。作为中国外交的优先方向,东南亚地区虽然在 2015 年宣布建成了命运共同体,但是其内部政治、宗教、文化、经济等发展的不平衡造成很多问题,[①]使得东盟这一机构尚不能像欧盟一样有效发挥作用,但是与中国的经济往来较为密切,中国在该地区的投资范围从企业到教育非常之广,层次也比较丰富。总体来说,东南亚国家和中国一样同属发展中国家,对支持其国家发展的职业人才需求较多,这些特征和南亚非常类似,所不同的是南亚需求培养周期更短的技术型人才。

东盟的成员国众多,经济发展水平参差不齐,经济贸易的规模差异比较大,但是东南亚国家一直是区域经济合作的重要力量。然而,以印尼传统乡村

---

① 许利平.中国与周边命运共同体:构建与路径[M].北京:社会科学文献出版社,2016.

决策模式为核心的"东盟方式",①因为其决策过程的模糊与组织方式的非正式性和松散性,引起了一些学者的担忧,而更多的学者认为"东盟方式"是东南亚国家一种特殊的决策风格,②2008 年的金融危机对"东盟方式"产生了强烈的冲击,东盟内部进行了不断调整,变"东盟方式"为东盟区域一体化,并于2016 年建成东盟共同体。

从历史角度而言,东南亚地区覆盖了"一带一路"中的海上丝路经济带,占据了"一带一路"的半壁江山;从现实角度而言,亚太地区是当前全球事务的重点,不但因其地理位置的重要性,也因其与中国地缘的接近性,是中国周边命运共同体构建的重要内容。东盟作为一个地域共同体不但展现了其命运诉求的一致性,也展现了其内在政治、宗教、文化、经济、地域、气候、人口、资源等种种的复杂性,从这个角度而言,探讨"一带一路"国际中文人才培养模式构建的可能性则具有标本示范的作用,可以推而广之,光而大之,服务于整个"一带一路"人类命运共同体构建的伟大实践。

本书所研究的"一带一路"国际中文人才的培养模式立足于全球的广阔视野中,借鉴被历史和实践证明了的行之有效的语言人才的培养模式,并通过实地调查和研究,通过质性分析和量化分析的方式梳理出东南亚各国学习者的学习特点,结合东南亚各国的政治、经济、文化状况以及语言政策和教育理念,最后,以"一带一路"建设的真实人才需求为最终的指向,运用复杂动态理论的方法确定国际中文人才培养的内容,构建不同层次、不同纬度的国际中文人才培养模式,其较强的针对性和有效性对于东南亚各国的国际中文人才培养起到有益的借鉴作用。

如上文所论,基于东南亚特点的"一带一路"国际中文职业人才培养模式构建是整个职业教育制度设计中最重要的部分。结合东南亚的实际情况,借鉴西方国家双元制的职业教育体系来构建东南亚国家的"一带一路"国际中文人才培养模式是比较现实的选择。

---

① 张洁.东南亚安全共同体的政治基础[M]//张蕴岭.世界区域化的发展与模式.北京:世界知识出版社,2004.

② Severino R. Southeast Asia in Search of an ASEAN Community:Insights from the Former ASEAN Secretary-General[M]. Institute of Southeast Asian Studies,2006.

从另外一个方面而言,"一带一路"倡议提出"民心相通"的目的是建立"命运共同体",在这个层面上的"一带一路"人才培养的首要任务是培养对中文、中华文化的认同。[1] 关于构建"一带一路"国际中文教育共同体的努力,薛卫洋以区域合作为视角,以联合国教科文组织 2005 年颁布的《保证跨境高等教育办学质量的指导方针》(Guidelines for Quality Provision in Cross-border Higher Education)为出发点,以巴伦支海跨境大学为例,探索"一带一路"教育共同体建设中跨境高等教育合作新模式。[2] 早在 2015 年,祁亚辉就从理论上阐述了构筑中国—东盟教育共同体的拓展路径,他认为要大力推动中国与东盟国家教育机构的合作、积极推进中国与东盟教育要素的合作、大力推动中国—东盟双方教育对象的合作,并大力推动中国—东盟双方人力资本市场的合作。[3]

在这个统一的教育框架之下,考虑到东南亚地区的政策状况、劳动力需求状况、职业教育培训设计及行业认证等问题,最终构建出"一带一路"东南亚职业型国际中文人才培养模式(如图 2-8)。

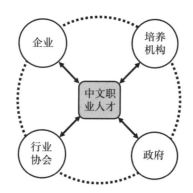

图 2-8　东南亚职业型国际中文人才培养模式

---

① 卢俊霖,祝晓宏."一带一路"建设背景下"语言互通"的层级、定位与规划[J].语言文字应用,2017(2).

② 薛卫洋.区域跨境高等教育合作新模式的探析与借鉴:以巴伦支海跨境大学为例[J].比较教育研究,2016(12).

③ 祁亚辉.教育合作巩固和拓展中国—东盟命运共同体的人文基础[J].东南亚纵横,2015(10).

在企业、学校、行业协会和政府达成共识的基础之上，共同界定、监测和监督企业教学及传授内容，制定完备的法律框架，开展职业教育研究，为开展职业教育的学校提供相关资源，授权给社会伙伴和行业协会。双元制职业教育培养的路径首先是订立教育合同，实施与工作单位相结合的职业教育，单独组织考试，其教育的标准是国家层面的，紧跟时代需求，各利益相关者达成共识，共同支持并保障双元制职业教育的质量。

双元制职业教育必须具备五个方面的质量特征：(1)政府部门、经济界和社会伙伴的通力合作；(2)在工作的过程中开展职业教育；(3)双元制教育必须具备全国认可的职业教育标准；(4)开展双元制的教育主体必须具备合格的职业教育资质；(5)职业教育研究和建议等要制度化和规范化。

4.中亚国际中文人才培养模式

中亚地区比邻中国，是传统丝绸之路的核心地带，蕴含丰富的石油资源，也是中国提出"一带一路"倡议的起点，其经济形态比较单一，人才需求也以能源开采和加工运输为主。中亚五国在历史上曾经隶属于苏联，其发展方式同多于异，和中国的合作关系比较深入，政治互信较强，人才培养基本上有了良好的合作办学根基，为"一带一路"在该地区的能源、原材料、机械等项目投资和贸易往来提供人才支撑。

无论在历史上的丝绸之路，还是现在"一带一路"倡议下，中亚都是贯通亚欧大陆的交通枢纽，是战略缓冲的核心地带，有着极为重要的地缘政治意义。中亚还是"一带一路"倡议提出的发端，习近平主席在2013年出访哈萨克斯坦时，首次提出建设"丝绸之路经济带"的倡议。与此同时，哈萨克斯坦以"光明之路"对接中国"一带一路"倡议，中亚地区遂成为"一带一路"沿线的重要的组成部分。

随着"一带一路"建设工作的深入开展，近年来中国同中亚地区的文化教育事业方面的交流合作越来越密切。在此基础上进一步进行"一带一路"中亚地区国际中文人才培养模式构建工作，通过以上对中亚地区"一带一路"倡议下国际中文人才培养要素的分析，结合当前中国与中亚地区合作发展的态势，并梳理"一带一路"经贸投资合作大数据，本文发现"一带一路"中亚地区的国际石化企业对国际中文人才有着较大的需求，例如"中文＋能源产业"等类型人才。基于"一带一路"及国际石油贸易大数据,可以从培养目标、培养方式、培养内容、培养主体和培养评价等几个方面构建"一带一路"倡议下中亚地区国际中文人才培养模式(如图 2-9)。

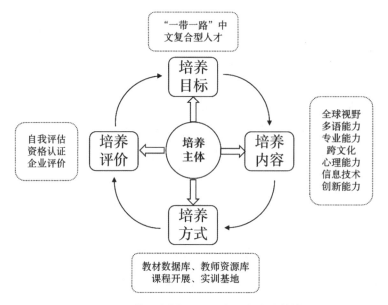

图 2-9 "一带一路"中亚国际中文人才培养模式

在这个模式中,人才培养主体居于中心地位,其他几个要素相互关联并围绕着人才培养主体进行,这里的人才培养主体是政府、企业、智库和高校组成的联合主体,包含人才培养的供给侧和需求侧。"一带一路"中亚地区的中文人才又可以分为长期培养模式和短期培养模式,最终目的是适应"一带一路"在这些国家的建设需求,为"一带一路"其他四通的建设提供人才支撑。

5.南亚国际中文人才培养模式

从地理位置上而言,南亚地区三面环海,一面背山,阿拉伯海、印度洋和孟加拉湾将这块大三角形的地域包围起来,形成辽阔而开放的地理结构,喜马拉雅山既是北方气候的屏障,也是军事和国家安全的屏障,人们很早之前就在这里繁衍生息,并诞生了多样的文明,是四大古文明的诞生地。然而,悠久的文明并没有给此地带来富庶的生活,这里是世界上人口最为稠密的地区之一。

总的来说,南亚地区保留了完好的传统文化,但由于历史和现实的原因,南亚区域缺乏一体化,各国在国际关系方面错综复杂,"一带一路"在南亚地区建设面临着非常严峻的挑战,同时也是难得的机遇。除不丹王国外,南亚地区的绝大部分国家都与中国建立了外交关系,其中中国和巴基斯坦关系被定位为"真正的好邻居、好朋友、好伙伴、好兄弟",南亚八国对中国"一带一路"倡议都表现出很高的积极性。

"一带一路"倡议下南亚中文人才培养模式,基于 PEST 理论分析法,从南亚地区的政治、经济、社会状况和技术条件探讨南亚开展国际中文人才培养的外部环境基础,同时分别考虑到"一带一路"倡议下中国与南亚区域合作联盟(SAARC)之间社会文化、政治、经济和技术因素的多样性,直面中国与南亚国家在沟通与交流中由于政治、社会文化和语言的多样性等原因产生的机遇和挑战,在此基础上分析出"一带一路"倡议下南亚国际中文人才的需求状况,据此提出适合南亚地区经济发展状况的"一带一路"跨文化短期国际中文人才培养模式,该模式旨在短时期内培养中文熟练的本地人才。通过模式的运用增强中国和南亚地区彼此共赢的机遇,共同解决所面临的挑战。

"一带一路"倡议下中国与南亚八个国家的经贸投资往来日渐频繁并持续增长,中国在这一地区的项目合作不但提振了当地的经济发展,也带来了南亚地区社会环境的改变。但是需要注意的是南亚地区基础设施缺乏、技术落后仍是其发展的障碍,这些障碍也为中国"一带一路"倡议在该地区的合作提供了机遇。

培养"一带一路"共建项目所需要的大量专业人才,需要考虑到南亚地区社会、文化、政治、经济和科技发展因素,培养能够在跨文化的背景下理解双方文化价值、思维方式、生活或者工作习惯等的人才,在这个过程中,语言作为文化的载体和交际的工具就显得无比重要。专业技能培养是为了提高人力资源的整体质量,"一带一路"倡议下南亚国家在经济、科学技术、文化交流等方面需要大量的基础人才。我们通过对"一带一路"倡议下南亚国家与中国的经贸投资进行分析,梳理出南亚国家的人才需求状况,进而构建出适合南亚地区的国际中文人才短期培养模式,如图 2-10 所示。

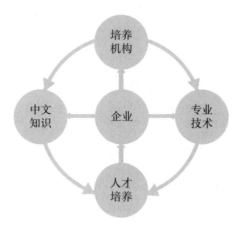

图 2-10 "一带一路"南亚中文人才短期培养模式

基于南亚国家的多元文化背景和目前急需人才的状况,构建出"一带一路"南亚中文人才短期培养模式,是在南亚的多元文化背景下进行的。通过这种国际中文人才短期培养模式的运用,可以更加有效和更具针对性地培养出"一带一路"项目所需要的当地人才。需要特别指出的是,在国际中文人才短期培养模式中,企业是主要的人才需求侧,因为中国企业在"一带一路"沿线地区扎根未稳,很多民间企业普遍对技术含量和中文水平要求不高,因此该培养模式只是通过短期的方式教授中文知识和基本技术;专家是作为知识传授者的身份出现的,其地位举足轻重,当然这有赖于中国和南亚地区高级人才的携手合作。

6.独联体七国国际中文人才培养模式

独联体的主要组成部分是苏联的加盟共和国,其协调机构设在白俄罗斯首都明斯克,在"一带一路"倡议框架之下,独联体的有些成员国则属于中亚地区,而中亚地区有其自身大致相同的政治、经济、文化和资源特征,和中国"一带一路"建设合作的过程中亦有其最大公约数,前文已经详细论述,故而以下所论的独联体七国是指"一带一路"沿线七个独联体国家的统称,这七个国家包括俄罗斯、乌克兰(2014 年退出独联体)、白俄罗斯、阿塞拜疆、格鲁吉亚、亚美尼亚和摩尔多瓦。这些国家不仅地理位置上相邻,在与中国的合作中也有一定的相似性,且商贸、教育合作逐渐增加。遗憾的是 2022 年初俄乌战争的爆发不但使两国深陷战争的泥潭,也使欧洲乃至整个世界的地缘政治格局发生大洗牌,"一带一路"倡议在这一地区遭遇阻碍,但这并不妨碍通过既往取得的成就探索未来合作的可能空间。

"一带一路"倡议下中国与独联体七国的合作主要集中在能源和技术两大领域,其所需要的人才也集中在这两类。目前,独联体七国既有的高等教育以培养能源人才为主,中国对人才需求量最大,所需人才根据中国在独联体七国的重点发展项目转变而发生转变。通过数据分析,目前这一地域除缺乏经贸人才之外,更需要具有中文能力和综合素质的能源类、技术类专业人才。这些国家可以利用中国的技术优势,在能源采集、存储和输送方面发挥优势,通过智能电网系统、无线能量传输等方法实现能源配送;尝试发展太阳能、风能和潮汐等可再生能源行业。

稳定的教育发展生态和高质量的教育环境使得独联体国家基础性教育事业发展较好,"一带一路"倡议下独联体国家需要的是精通中文、熟悉国际规则、具有较强跨文化交际能力的专业化人才。对人才的心理素质也有很高的要求,也就是本书所提出的"一带一路"国际中文人才,其综合素质包括语言能力、创新能力和管理能力等。因此,中国和独联体国家可以通过具体的中外合作办学的方式增强双方的教育合作,共同培养出切合"一带一路"建设所需的国际中文人才。

"一带一路"独联体国家中文人才培养是通过中外合作办学的方式来实现的,需要根据"一带一路"建设需求调整人才供需结构,优化人才培育模式,聚焦国际中文人才的培养。"一带一路"倡议下的中外合作办学是专业化基础上的国际化人才培养,其优势在于通过中外高校的交流,实施"国际化＋本土化"人才培养模式,更好地服务于"一带一路"建设。本书根据"一带一路"倡议下独联体七国对建设人才的需求,立足中国目前与独联体国家合作办学的实际状况,提出了中外合作办学环境下的"一带一路"独联体七国中文人才培养模式,如图2-11所示。

必须指出的是,中国与独联体七国合作办学模式以中外合作项目为抓手,以合作办学为人才培养平台,在"一带一路"倡议下,协调中国和独联体国家政府、建设企业和研究智库等培养主体,培养切合"一带一路"在独联体国家建设

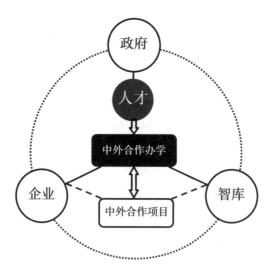

图 2-11 "一带一路"独联体七国中文人才培养模式

所需的国际中文人才,这不但是本书研究的主要议题,也是未来实践的方向,需要进一步发展和完善。

"一带一路"沿线各国的政治经济往来和文化交流合作带动了双方教育合作的长足发展。"一带一路"倡议下的国际化中文人才培养,强调的是在跨文化的场域内,以中外合作办学的形式培养更具国际视野和国际竞争力的国际中文人才,从而满足"一带一路"建设所需。因此,独联体七国与中国的合作办学,需要从独联体各国与中国的合作项目入手,发挥本区域优势,重点突出各国所需,从需求出发进行人才培养。

从整体上而言,"一带一路"沿线 6 个地区至少 165 个国家和地区的人才需求呈现出区域化的特点,地区之间的人才需求有所不同,因此,中观层面上"一带一路"国际中文人才培养需要构建区域化的人才培养模式,培养切合所需的国际中文人才,全面对接中国与这些区域的发展规划。

(三)"一带一路"国际中文人才培养国别化模式

"一带一路"国际中文人才的国别化培养是一个复杂动态的系统化过程,从微观角度来看也是更具有针对性并满足本土需求的具体人才培养模式。"一带一路"国别化中文人才培养的理念是为建设人类命运共同体服务,培养目标是为"一带一路"建设提供人才支撑,培养主体包含来华留学生、沿线国家各层次中文学习者和本土中文教师,培养过程包含教师、教材、教法等内容,培养评价包括考试和质量评估等。因此,要打造"一带一路"国际中文人才的国别化培养系统,首先必须建立四大支撑体系:(1)跨境中文教育合作体系;(2)国际中文人才培养过程体系;(3)国际中文人才质量保障体系;(4)国际中文人才培养支持体系。

以"一带一路"沿线东南亚地区主要代表印尼为例,近年来其民主进程逐渐加快,为中文教育重新兴起提供了良好的条件,印尼政府把中文教学纳入国民教育的轨道,中文教育有了合法的地位,各种形式校外中文补习学校方兴未艾,师资紧缺已成了印尼中文教育发展的瓶颈,国民学校的中文教育缺少统一的教学要求和评估标准。

从国际中文人才的培养成本和现实可操作性角度而言,也必须实行国别化培养,用一个概念表述就是国际中文教育要做到适应"一带一路"与本国合作建设的需要,要适应沿线国家的政治经济、民族文化和历史传统等因素。"一带一路"背景下国际中文人才培养模式所发生的环境十分复杂,各方面都呈现出多元化差异的特点,要构建出切合实际需求的"一带一路"国际中文人才培养模式,需要通过大数据挖掘对人才的具体需求做出梳理分析,根据这些需求理出人才要素特征,在此基础上对人才培养模式进行精心构建。

综上所述,以印尼为代表的"一带一路"国际中文人才培养的国别化势在必行,那么,究竟该怎样进行国别化的培养呢? 在下文中我们将进一步探讨。与此同时,也应注意到国家与国家之间的人才需求类别也存在差异,[①]从"一带一路"建设需求的角度来说也要求国际中文人才的国别化培养,构建起以全球化发展需求为导向的"一带一路"国际中文人才培养模式,以及切合"一带一路"沿线各国国情与现实需要的国别化人才培养模型。

---

① 李如龙.论汉语国际教育的国别化[J].语言教学与研究,2012(5).

第四节　复杂动态理论下的人才培养研究

本书的内容在研究方法上,鉴于复杂动态理论与逻辑实证主义及还原论研究方法差别甚大。正如计算机语言学中关于剪枝的定义,传统的还原论主要采用简化的方法,将事实发生的情境与发生系统剥离,将一些不可测的变异等无关变量从系统中剔除或者控制,将先前系统中各组成部分之间的动态制约关系简化为理想化的线性因果关系;正好相反,以语言习得而论,复杂动态理论则认为语言是个体的思维参与社会互动的自组织过程中发展出来的,其发展过程和轨迹并不能用逻辑实证主义所倡导的因果线性关系模型来测量。

因此,复杂动态理论将还原论力图剥离、剔除、控制或简化的因素及其相互关系重新纳入整个系统来进行综合性考察,其所采取的研究步骤如下:首先,尽量详尽地收集整个时间轴上相关时间点的有关系统各部分及其关系和发展过程的数据;其次,寻求对相互匹配的数据进行描写和解释的恰当方法;最后,在这些相互匹配的数据和解释的基础上建构理论,在复杂科学研究中,通常通过量化建模的方式来完成理论建构,但在宏观的环境系统层面,涉及社会科学和人类认知研究的有限性问题,很难将其完全地进行量化建模,因此,笔者采用质化建模(qualitative modelling)和动态描述(dynamical description)的手段与量化建模综合使用的办法。

一、研究目标

本书选取印尼为个案,基于复杂动态系统理论,研究"一带一路"国际中文人才高质量培养问题,在实地调查和数据分析基础上,深入探讨如何对接"一带一路"建设对国际中文人才的实际需求,创新"一带一路"高质量发展时期人才培养理念、途径、模式和机制,形成人才培养的强大合力。主要的研究目标具体为以下四个方面:

(1)动态监测"一带一路"印尼中文学习需求及传播态势,提取数据指标。

（2）梳理出"一带一路"印尼中文人才需求特征，刻画出学习者的学习行为特征。

（3）分析出"一带一路"印尼中文人才培养系统要素及其动态关系，构建出指标体系。

（4）构建出"一带一路"印尼中文人才培养动态模型并检验完善，建立人才数据库。

通过审视以上研究目标可以发现，本书的重点在于人才需求相关大数据挖掘与分析。此系人才培养模式构建的基础，解决人才需求侧和人才供给侧矛盾的关键。其次是"一带一路"人才培养要素分析与模式的动态构建。作为人才培养体系的核心所在，培养模式决定人才培养机制运行的效果，亦即"一带一路"高质量发展前途所系。

本书的难点也显而易见，首先是人才需求调查难度较大，实现"一带一路"印尼相关行业调查的全方位覆盖存在一些困难；其次是人才数据库建设工作比较繁重，人才需求特征、分布特征、学习特征的分析过程烦琐，具有一定难度。

二、研究方法

本书参照 Douglas Fir Group 提出的二语习得三层级生态体系，即意识形态、社会文化机构和语言交际进行要素切分；通过考察人才培养要素内涵的嬗变及人才培养模式与环境的作用关系，以人才数据库为基础，动态构建出"一带一路"高质量发展背景下印尼中文人才培养模式。

（一）"一带一路"印尼中文人才培养模式构建依据

作为人才培养复杂动态系统的首因效应，需要探讨中印尼共建"一带一路"高质量发展对中文人才培养提出的新挑战和新要求，主要包括：①分析新时期"一带一路"高质量发展理念的内涵、目标与路径；②研究该理念下印尼中文人才的新内涵与新特征；③研究在该理念对印尼中文人才培养系统所发生的作用，厘清哪些要素引起了人才培养系统的必要转型。

（二）"一带一路"印尼中文人才数据库建设

目前世界上的互联网数据库包含三类：来自互联网的数据库、把互联网作为数据库、互联网连接的数据库，因此，"一带一路"国际中文人才数据库建设遵循自产、共享和连接三个原则：①通过对印尼进行实地调查以及经贸投资大数据挖掘，建立自产部分的基础数据模块；②利用互联网信息共享的特点，通过计算机编程，广泛搜索和分类储存印尼中文人才需求信息；③加强与其他相关数据库的合作交流，实现"一带一路"人才数据库的连接、共建和共享。

数据库内容建设包含四个模块：①互联网中文人才热度模块。基于搜索引擎、社交网络以及新闻媒体等互联网大数据，对印尼中文教育市场进行动态监测，提取刻画出"一带一路"中文学习与传播态势的数据指标，并进行可视化呈现。②人才需求数据模块。通过爬虫技术和实地调查获得一手数据，直接反映出"一带一路"印尼中文人才的需求分布状况。③本土化人才特征模块。印尼中文学习者的学习行为本土化特征分析数据被纳入此模块。④人才培养环境模块。包括印尼的语言政策、高校人才培养制度、企业人才素质要求、智库人才战略分析等。以上四个模块构成的数据库共同奠定人才培养模式构建的基础。

（三）"一带一路"印尼中文人才特征分析

人才需求侧特征分析以人才数据库为基础，集中围绕经济发展、社会发展、技术使用、人才预期、政策导向、制度安排等人才理论六要素进行，主要涵盖三方面内容：①人才内涵特征。通过对印尼政治、经济、文化、社会观念等社会意识形态结构的分析，呈现出新时期印尼中文人才的内涵特征。②人才需求特征。通过网络大数据分析和"一带一路"中文市场需求调查，分析出中文人才的需求特征，包括地域、行业、层次、数量分布等。③学习行为特征。通过对学习者家庭情况、社会身份、社交群体等分析，刻画出生源特征；通过对社会活动和语言交际的调查分析，呈现中文学习者的学习行为特征，包括认知差异、情感差异和学习策略等。

（四）"一带一路"印尼中文人才培养模式构建

根据上述分析,围绕政府、高校、智库和企业等多个人才培养主体,拟构建出人才培养模式的"渐进型梯级式分层体系",包括五个步骤、三层体系。

根据复杂动态系统理论建模程序,人才培养模式构建的五个步骤为:①确定人才培养系统主体要素,包括培养理念、培养目标、培养内容、培养方式、培养主体和培养评价等六大要素;②确定"一带一路"印尼中文人才培养的时间维度和社会维度;③描述印尼中文人才培养系统要素之间的动态关系,呈现出其相关度与显著度;④观测人才培养系统与环境的作用与自我调整状况;⑤描述人才培养要素与环境的动态发展过程及其呈现出的涌现性特点,构建人才培养模式。

人才培养的三层体系:①复合应用型人才培养模式,以高校为核心通过学历教育完成;②精英人才培养模式,以研究院、智库为核心培养高端政策性人才;③基础实用人才培养模式,通过以中文为载体的职业技术教育完成。"一带一路"人才需求呈多元化特点,需要政府、高校、智库和企业密切协作,根据培养目标,围绕其中一个主体,其他主体联动,从多层面打造人才培养动态立体化模式。

（五）"一带一路"印尼中文人才培养模式应用

根据上述建模步骤,结合"一带一路"高质量发展时期印尼的社会环境状况,构建出"一带一路"印尼中文人才培养模式,并对其应用域进行探索分析,探讨 AI 等技术的影响以及动态数据库的即时完善,实现人才培养模式的迭代升级。

总之,要研究印尼国际中文人才高质量培养问题,必须系统了解学者关于"一带一路"国际中文教育共同体构建问题以及"一带一路"建设需求及人才培养现状的研究与探讨。通观现有关于这个议题的国内外研究成果,围绕本书研究的重点,详细梳理前沿成果,对探讨本书中心研究议题则大有裨益。因此,本书首先总结"一带一路"国际中文人才高质量培养发生的背景,理解其遭遇的瓶颈和挑战,然后直入核心概念,通过文献梳理讨论人才的定义,考察人才定义的深层意涵,通过深层意涵和时代发展的要求过渡到国际中文人才的定义和要求,最后对"一带一路"国际中文人才的要求和内涵进行重新定位。只有先讨论清楚中心概念,厘清国际中文人才培养模式的历史轨迹以及现阶段"一带一路"国际中文人才培养模式的最新尝试及成果,才有可能在此基础上讨论如何高质量培养问题,并最后落实到"一带一路"国际中文教育共同体的中心议题上来,通过对上述问题的探讨和分析,总结出现阶段"一带一路"国际中文人才培养的问题,为下文进一步解决印尼国际中文人才高质量培养问题做好铺垫。

第三章　印尼国际中文人才高质量培养系统分析

第一节　印尼国际中文人才高质量培养问题分析

一、"一带一路"国际中文人才高质量培养的内涵

2019年4月,习近平主席在第二届"一带一路"国际合作高峰论坛开幕式上发表主旨演讲,号召齐心共建"一带一路"美好未来,并围绕这一主旨提出未来工作的方向:(1)秉承共商共建共享的原则。不同于西式全球化所奉行的新自由主义,阐明了国家合作的观念性基础,构成了新型全球化路径的根本逻辑。(2)坚持开放、绿色、廉洁理念。注重以规则为导向的"软联通",以公平、合理、透明的规则体系促进国际公共产品的供给。(3)努力实现高标准、惠民生、可持续目标。

以强烈的发展导向促进沿线国家经济发展,使经济发展的结果惠及相关国家人民,使之实实在在享受到"一带一路"建设带来的好处。党的二十大报告指出,当前我国社会主要矛盾已经转化为人民日益增长的美好生活需要和不平衡不充分的发展之间的矛盾。从这个逻辑出发,当前"一带一路"国际中文人才高质量培养的主要矛盾,是"一带一路"日益增长的国际化人才需求与人才供给侧不平衡不充分发展之间的矛盾。

因此,"一带一路"国际中文人才高质量培养可以概括为以下几点:(1)教育资源的精准配置。以国际中文人才实际需求为导向,实现资源的高效投放,

促进人才培养效果最大化。（2）人才培养层次的差异化。按照战略优先层级实行人才培养取径的差异化分层，实现从宏大架构到微观领域聚焦。（3）教育合作结构的升级。探索除孔子学院、中外合作办学之外的路径，推动教育合作从外延式扩张升级到内涵式发展。（4）人才供给的结构性改革。以有效性作为旨归，提高国际中文人才的附加值，提升人才供给体系的水平和质量。（5）人才培养体系的联动性。以规则为导向推动"一带一路"公正、稳定、可预期的环境建设，构建人才培养生态体系。

这是对"一带一路"人才培养所面临新问题和新诉求的理论回应，基于经典教育学理论对以上五点内涵进行系统化梳理，聚焦"一带一路"国际中文人才高质量培养关键要素，有以下三个问题需要全方位解决：（1）培养什么样的人才。对接"一带一路"实际需求，厘清人才需求特征。（2）怎样培养人才。考虑人才培养各系统要素，实现教育资源的优化配置，构建精准人才培养模式。（3）谁来培养这些人才。

二、"一带一路"国际中文教育共同体构建

（一）中国—印尼教育共同体构建的历史依据

新航路开辟以来，世界各国的横向联系逐渐加强，共同开启了现代历史的起点，曾经作为单纯地理意义表述的东南亚，历经两次世界大战的洗礼以及美苏冷战，直至今日形成的国际关系格局的影响。可以说一个国家或地区的地理位置直接决定着其在世界秩序中的价值，一直以来作为各方博弈焦点的东南亚具有无比重要的地理位置。

东南亚地处亚洲与大洋洲、太平洋与印度洋水道交通的"十字路口"，而马六甲海峡是扼住这个"十字路口"的"交通咽喉"，有着非常重要的战略地位，地处马来半岛和苏门答腊岛之间的马六甲海峡，全长约 1080 千米，西北最宽处 370 千米，东南最窄处仅有 37 千米，可通行载重 25 万吨的巨轮，太平洋西岸国家与南亚、西亚、非洲东岸、欧洲等沿海国家之间的航线多经过这里，是世界上最繁忙的海上航道之一，被称为"海上生命线"。

作为东南亚海洋主体的南海地区,北起中国大陆本土,南至印尼加里曼丹和苏门答腊,东西方向上西起中南半岛,一直到第二岛链出海口的菲律宾,除马六甲海峡相对封闭之外,都呈开放性的态势。其中南部区域巽达海峡、望加锡海峡和龙目海峡是连接印度洋与太平洋的海上交通要冲。另外,作为东南亚陆上五国的泰国、缅甸、越南、柬埔寨和文莱以湄公河贯穿其中,属于欧亚大陆心脏地带的延伸,不但是南亚次大陆通向东南亚的战略通道,也是中国与东南亚各国交流的桥梁和纽带。因此,可以看出,从陆路到海洋,东南亚地理位置的重要性不言而喻。

中国一直以来非常重视与东南亚各国的关系,无论是历史传统的交织,还是当前国际政治利益的集中考量;也不仅仅是领土交叠的争议,而是共同开发、共同合作、共同发展、荣辱与共的命运使然。2013 年,习近平访问印尼时,将印尼作为中国外交的优先方向,2018 年十八大以来,外交部又重申这一观点。中国积极融入并推进东南亚一体化进程,与东盟国家建立战略互信的伙伴关系,尤其是"一带一路"倡议提出以来,中国对沿线各国的各项措施稳步落实,可见中国对周边命运共同体的重视。国内外学者对中国周边命运共同体的建设形成了一致共识:已然形成了一种有别于西方的促进世界争端解决和经济社会发展的新范式。

共同的历史遭际以及重要的地理位置,使东南亚国家终于在命运共同体方面达成共识,到 1999 年为止,形成了除东帝汶之外东南亚 10 国组成的东南亚国家联盟,本着平等与合作精神,共同促进本地区的经济增长、社会进步和文化发展,为建立一个繁荣、和平的东南亚国家共同体奠定基础,以促进本地区的和平与稳定。

虽然每一个东南亚国家都有自己内在的发展动力,都坚信自己正在崛起,尽管没有挑战别国的主权和尊严,致力于非零和外交,但因为部分国家内部政治政体、宗教和民族等社会矛盾凸显,不但给自身造成了伤害,还加剧了这一地区的动荡。统一之中包含复杂,这是东南亚地区的普遍特征。然而,从另外一个视角视之,以"同"为起点在这一地区建构"一带一路"中文国际教育共同体则具有标本示范性的意义。

从历史的角度而言,地处中国和印度两大文明古国之间的东南亚国家历史都十分悠久,他们早期受到印度文化影响较深,秦汉时期中国才对东南亚产生直接的影响,这种影响主要体现在政治经济层面上。从汉末到清初,基本形成了以封建帝国时期的中国为核心并辐射至东南亚的朝贡体系,东南亚各国诸如越南、马六甲、苏禄、暹罗、缅甸等呈现出一种"万邦来朝"的态势,尤其是郑和七下西洋之后,这种关系实质上得到了加强,中南半岛历史上的占婆和扶南两个王国的崛起与兴盛即得益于此。

世异时移,昔日封建帝国之间的传统朝贡关系被全球化语境下平等互利的新型国家关系所取代,今天中国从历史的角度出发,重拾"海上丝绸之路"的命题,不但是因为东南亚是"21世纪海上丝绸之路"全覆盖的地区,还因为出于历史交往中共同的历史文化基础,以及当今日益兴盛的贸易往来,中国和东南亚国家都共同意识到建设命运共同体的必要性。中国与东南亚国家建立了领导人、部长级、高官级等较为完备的对话合作机制,并在第七次"10+1"领导人会议上成为东盟的第一个战略伙伴,"一带一路"倡议的开启将中国与东盟国家的合作推至一个高峰。这些历史与现实的交织,都客观上为"一带一路"国际中文教育共同体的构建提供了有利的条件。

(二)中国—印尼教育共同体构建的现实基础

"一带一路"视阈下的"国际中文教育共同体"建构的可能性不但基于共同的历史文化交往经验,还基于中国与东南亚诸国共同的价值理念,以及以日益深入的经济合作和日渐频仍的贸易往来为基础的面向未来、共生共荣的视野和格局。

首先,基于以和谐为特征的共同价值理念。追述中国和东南亚国家的历史传统,无论是中国传统的儒家文化、起源于印度并对东南亚影响深远的佛教文化、到目前为止东南亚国家主要信仰的伊斯兰文化,还是近代以来逐步渗入东南亚的基督教文化,和谐都是其共同遵守的重要法则和生存理念,相同的基本理念是中国和东南亚国家构建命运共同体的思想基础。

其次,基于对通行国际规则的自觉遵守。这些规则包括以和平共处五项原则为指导的国际行为准则、以合作共赢为基础的共同利益观、以可持续为基础的发展观、以同舟共济为基础的全球治理观以及以包容互鉴为基础的文明观。对于国际规则的普遍认同和共同遵守是构建"一带一路"国际中文教育命运共同体的行动基础。

最后，基于日益深入的经贸合作往来。共同的和谐理念和对国际规则的自觉遵守构成了构建"一带一路"命运共同体的行动基础，中国与印尼为代表的东南亚国家庞大而深入的贸易合作往来，以及建立在国家层面的项目投资构成了构建"一带一路"命运共同体的物质基础，这些经贸往来和项目投资的背后是对人才的大量需求，这些都为"一带一路"国际中文教育共同体构建提供了基础。

三、"一带一路"国际中文人才培养问题

在中国综合国力与日俱增的情况之下，与经济的发展相适应的是作为软实力的中华文化在世界范围内的影响力，作为文化最重要组成部分的语言是中国软实力在世界范围内传播的先导，本书通过进一步探讨全球化时代国际中文人才所担当的使命、所承担的责任，厘出国际中文人才的内涵和要求。由于国际形势的日新月异，面对世界多极化和区域危机、全球经济增长乏力、人类和平赤字增加等问题，中国提出了应对危机的中国方案，"一带一路"倡议的提出是中国积极参与全球治理的大设计和大制作，随着"一带一路"各项政策的落实，经济贸易和地区投资日渐繁盛，对人才的需求与日俱增，在这个背景之下"一带一路"国际中文人才又当如何重新定位成了学者讨论的焦点。

通过对国际中文人才培养的历史轨迹的追溯和对"一带一路"国际中文人才培养的研究现状和现实图景的概括，无论是对"一带一路"国际中文人才培养实践的实地调查，抑或是对"一带一路"国际中文人才培养进行理论上的探寻，学者都给出了自己的思考，但是从整体上来看，这些充满着真知灼见的思考失之于琐碎和片面，对"一带一路"国际中文人才的内涵与定位、培养路径和方法、人才培养模式、人才培养的执行过程和保障力量等等问题尚未形成一致的看法，因此这也成了本书的立足点和出发点。本书通过对"一带一路"国际中文人才模式的系统性思考，试图解决"一带一路"国际中文人才的培养问题。

在"一带一路"的视阈下，本文以印尼国际中文教育为研究对象，其实正如

上文已经论述的"一带一路"国际中文人才与"一带一路"国际中文教育如车之两轮、鸟之双翼,这两者是一体两面的同构关系。归根结底,"一带一路"国际中文人才培养是一个系统工程,需要在复杂动态的视野下进行解决,因此,通过对文献的梳理和现实的分析,本文发现和需要回答的问题如下:

1.全球化视野下国际中文人才的意涵和定位是什么?

2.印尼真实的国际中文人才需求是什么?

3.中国—印尼国际中文人才培养的物质条件是什么?

4.印尼国际中文人才培养的基础是什么?

5.印尼国际中文人才培养的政策环境是什么?

6.印尼国际中文人才培养的文化环境是什么?

7.印尼国际中文人才培养的地域环境是什么?

8.印尼国际中文人才培养的可供性系统是什么?

9.印尼国际中文人才培养的周期是什么?

10.印尼国际中文人才培养的场域是什么?

11.印尼国际中文人才培养的对象怎么分析?

12.印尼国际中文人才培养效率如何保证?

13.印尼国际中文人才培养的复杂因子有哪些?

14.印尼国际中文人才培养的复杂性如何呈现?

15.印尼国际中文人才培养的复杂系统如何运作?

16.印尼国际中文人才培养的现实图景是什么?

17.印尼国际中文人才培养模型如何建构?

18.印尼国际中文人才培养模型如何运用?

以上18个问题是本书要研究的重点,如果将以上18个小问题进行归类划分,则可以总结为4个基本的大问题:

第一,全球化视野下印尼国际中文人才概念问题;

第二,可供性视野下印尼国际中文人才培养的现实图景及存在的问题;

第三,怎样以复杂动态理论的视角构建印尼国际中文人才动态系统模型;

第四,怎样构建起以全球化发展需求为导向的印尼国际中文人才培养模式,以及切合印尼国情与现实需要的国别化人才培养模型。

第二节　技术视野下国际中文
人才培养主体分析

"一带一路"国际中文教育方兴未艾之际,2020年新冠肺炎疫情的突然暴发不仅使全球化进程受阻,也使"一带一路"国际中文教育面临严峻挑战,全球各地的国际中文教育单位都在探索教学模式的新形态。计算机技术的发展使国际中文教育在更深远的空间和更广阔的范围开展成为可能,网络环境下的国际中文人才培养形式也发生了根本性转变。在"一带一路"国际中文人才培养所有要素中,教师角色面临的冲击和挑战最大,因此,本节将以教师角色为切入点,深入探讨网络环境下国际中文人才高质量培养的可能机遇。

一、教师角色研究的历史回顾

考察国际中文教师的角色问题,应从两个视角、三个维度着手分析,两个视角即历史视野中的教师角色和现代视野中的国际中文教师角色;三个维度是指教师职业本身的要求、国际中文教学本质对教师的要求和新技术的出现对教师提出的挑战,概括起来,用图表表示如下:

表 3-1　国际中文教师角色分析框架

两种视野	1.历史视野中的教师角色 2.现代视野中的国际中文教师角色
三个维度	1.教师职业本质的要求 2.新技术的出现对教师的要求 3.国际中文教学本质对教师的规定

（一）历史视野中的教师角色

自人类口语产生之后,文字的诞生是人类历史上的一块里程碑,从此,作为媒介的文字传递着人们的生活经验,记载着社会的变迁和国家的兴亡,也书写着人们的悲愁喜乐,因此,我们才有机会在有限的空间里还原历史现场,并从历史中找到生存和发展的依据。

在这个过程中,教师作为文化的活的载体始终发挥着文化传承的功能,尤其是在遥远的古代,信息的传播主要是纵向的传承,而非横向的传播,教师是整个文化链中至关重要的一环,其地位举足轻重。关于教师角色,可以从以下几个方面分而论之:

1.道德的灌输者

无论古代还是现代,德育是中国教育中的重要一环,长久以来作为学习其他知识的先决条件而存在的,《学记》《论语》等经典典籍,都是把道德品格的培养作为首位,作为一个知识分子,同时也是广义上的为人师者,一旦失去了品行,其他的便无足观。

2.智慧的启发者

古希腊人认为,知识在于求真,而教师便是带领学生求真的人,这种观点以苏格拉底为代表,苏格拉底在与学生反复的辩论中,不断对学生进行逼问和审视,使学生层层推进,抽丝剥茧,获得真知灼见。

3.知识的普及者

长期以来,尤其是在传播技术不太成熟的古代社会,知识是一种稀缺资源,其获得的门槛也非常之高,知识在很大程度上被社会的特权阶级所垄断,他们设置层层壁垒,限制其使用权与所有权。随着现代技术的发展以及民主思想的传播,知识不再为特权阶级所垄断,开始在社会上广泛普及,而其中的主要推手就是教师。

4.人格的引导者

如果说《论语》是通过反复的对比、论辩和讨论等方式来引导受教育者的人格,以卢梭为代表的教育学派则主张自然主义的教育方法,他们认为出自上帝之手的东西是好的,一到人的手中便变坏,无论采取何种方式,人格是教师着重培养的一部分,在某种程度上来说,教师是学生人格的引导者。

(二)现代视野中的对外教师角色

现代教育技术的进步和海量教学资源的开放,也悄然影响着教师的角色,先前以唇齿为媒介的单向知识灌输,变成了教与学之间的双向互动,教师本身也成了学习者,退守到和学习者一样的地位,如图 3-1 所示。

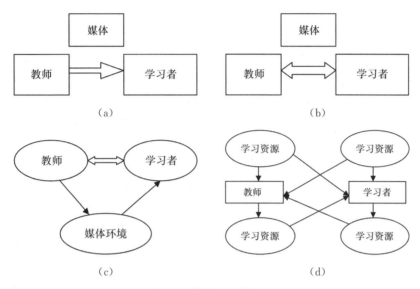

图 3-1　教师角色的演变

资料来源:武法提.网络教育应用[M].北京:高等教育出版社,2003.

考察网络环境下国际中文教学中教师的角色问题,综合近 20 年来的相关研究论文,以及参照建构主义本土化相关研究成果,教师的角色基本上可以分为三大类:

①传统传道授业解惑的微调者;

②建构主义理论视野下的国际中文教师角色;

③对网络环境下国际中文角色的补充。

下面我们将对以上三类关于网络环境下国际中文教师角色的定位进行综述,厘清支脉,考镜源流,以期全面而翔实地了解研究者们的研究成果,并为新问题的提出奠定基础。

1.传道授业解惑的微调者

传统关于教师角色的观点是:传道、授业、解惑,这种观点完全把教师作为知识的源头,在将知识神圣化的同时,也将教师推向了神坛,教师成了教学活动中不可或缺的关键要素。

然而,随着技术的进步,网络课堂的诞生使在传统课堂上居中心地位的老师悄悄隐居幕后,课堂教学方法从"注入式"变为"卷入式",课堂气氛也从压抑式变为吸取式,而教师角色随之从"保姆"变为"教练"。教师的职能是引导学生成为自主的、高效的学习者;教师要善于设计问题,帮助学生构建一定的认知结构。网络课堂对传统课堂的冲击,使教师由传统课堂的中心地位变身为网络课堂的主导地位。

网络课堂的教学对象、教学时间都变得不确定,这就要求教师在承担传统职能的同时,还要负担新的职能,这就直接涉及教师素质问题。吕必松将国际中文教师应有的素质归结为以下几种:①能够胜任多种课堂教学任务;②教学艺术高超;③科研能力强;④具有组织领导才能;⑤具有比较广博的专业知识和文化知识。陆俭明针对教师思想道德品质提出汉语教员要"树立很强的学科意识、学习研究意识、自尊自重的意识"等。李泉则论述了国际中文教师的课堂教学意识,提出了教师在课堂教学中应当有学生意识、交际意识、语言意识、课型意识、目的意识等 11 种意识。国际中文教师应具有使命感和责任心、扎实的汉语功底和必要的中外比较文化知识、谙熟语言教学法并具有一定的教学研究能力。

无论是从国际中文教师的职业道德素质出发,还是从国际中文教师的能力结构、知识结构考察,我们只能得出一个结论:较之于传统课堂,新环境下教师的职能大大加强了,不仅如此,教师还要不断地学习新的知识和技能,以应对不断变化的环境,正所谓学海无涯、教学相长。

教师的角色在某种程度上被弱化,但是,坚守传统的研究者们始终认为其主体地位却从来没有动摇,他们依然运筹帷幄之中,决胜千里之外。无论是抱定真理还是抱残守缺,他们毕竟看到了在网络课堂的新环境下教师的角色正发生着微妙的变化,这是对教师角色重新定位的契机,然而,距离全面而准确地诠释网络环境下国际中文教师的角色,或许还有很长的路要走。

2.建构主义理论视野下的国际中文教师角色

以色列心理学家和教育家费厄斯坦对教师的角色做出了新的定位,他认为教师不过是知识的中介者,这在无形中正契合建构主义理论关于国际中文教师的角色的定位,成为在此语境下理解教师角色的关键之所在。

西方教育学社会建构主义理论的先驱人物维果茨基通过研究儿童的认知发展,认为儿童是在他周围的重要人物(如父母、同伴、教师等)的"中介作用"下完成认知发展的,有效学习的关键在于儿童和这些重要人物,也即"中介者"之间的交往互动的质量。"中介者"应当了解并指引儿童通过"最近发展区",即比儿童现有知识技能略高出一个层次、经他人协助后可达到的水平。也就是说,儿童在认知发展过程中深受其周围重要人物的影响,不管是否自觉,这些人都在帮助儿童选择认知活动,在儿童和环境之间充当"中介者"。随着儿童认知发展水平的提高,"中介者"为儿童选择的活动水平应贴近其"最近发展区",水平过高或过低都不利于其发展。

在以上对教师角色定位的基础上,建构主义理论关于国际中文教师角色定义进一步总结为以下几个方面:

(1)学习的引导者。

教师已经不再是知识的标的,站在高处俯视着学生朝自己进发,而是作为一个路标存在,给学生指明前进的道路,这包括了对学生以专业知识为本位的基础引导和以技术为本位的信息引导。

(2)学习的设计者。

知识的建构并不是简单的外在知识的获得,而是认识主体内部对外部的理解与经验的生成。关注知识的建构,要关注依靠背景知识的建构:提供多极、复杂的真实表征以及提供真实世界的、以案例为基础的学习环境。

(3)学习的激发者。

知识的建构要注重学习者水平控制。假使学习者是在背景中积极主动地学习,并与其他学习者及教师合作,那么就会生成他们自己的知识。

(4)学习的辅导者。

教学过程中应支持合作,而不是竞争。建构主义的学习环境中,合作是被鼓励的。在这种环境中,学生有更多的机会向其他的人提出问题,这不仅发展了他们自己的思想和理论解释,而且激发了团队成员的工作热情和行为动机,从而也巩固了大家对环境的解释水平。在网络环境下,教师的主要任务不再是讲课,而是与学生共同合作实现知识的建构。教师不再是知识的权威,不再以传授者和管理者的姿态出现,而是学习的促进者、合作者和辅导者。

(5)学习的评价者。

根据学生学习的效果,教学活动需要不断地评价与总结。学习评价不需要独立于教学过程的专门测验,教师只需要在教学过程中随时观察并记录学生的表现即可。评价内容包括自主学习能力、对小组协作学习所做出的贡献、是否完成对所学知识的意义建构三方面。若能在探索发现之后及时引导学生进行自我评价和反思,则能提高学生的认识,增强学生学习动机。

至此,我们或许可以总结一下:加拿大传播学者麦克卢汉在《理解媒介》一书中提出了媒介即讯息的观点,结合加拿大另外一位传播学者因尼斯的研究成果,他认为媒介本身就意味着讯息,综合上述费厄斯坦等人关于教师角色的阐述,教师是作为媒介而存在的,其本身也就意味着是讯息,我们可以推测,承担讯息媒介的可以不单单是教师,也可以是网页、语料库等,这为以网络教育为基础的自主学习铺平了道路。

然而,通过仔细分析,我们可以发现,较之于传统教师的角色,建构主义视野中的教师角色并没有发生实质的改变,只是其所承担的职能发生着悄然的变化,没有从根本上突出网络环境下教师角色的新定位。中介作用仅仅把教师作为客观的知识中介,将教师的主动性降低至零,最大限度地弱化了教师作为知识源头的重要意义,弱化了教师主体本身的角色,使之成为教学工具的一部分,这实际上是将教师异化的过程。

3.对网络环境下国际中文教师角色的补充

近年来,研究者们对网络环境下国际中文教师所承担的角色进行了补充研究,教师应是学习资源的组织者、网上学习的指导者和素质培养的促进者。网络教学中的教师形象:不可见的教师,不看外形的教师,不重校籍的教师;网络教学中教师的新职能:一专多能,一双慧眼,突出的指导能力,较强的驾驭能力,崭新的教学技能。教师应是学习研究的进取者、知识体系的构筑者和教学模式的变革者。现代教育发生着由教师教材为中心到学生资源为中心的偏移,教师要及时更新教育知识和技能,与时俱进,要重视对网上汉语教师现代教育技术的学习。教师是一切教育活动的核心和关键,教师叙事应追求真实性、过程性和情境性,强调重返或还原"教育现场"。

这些研究者们的相关研究,对于网络环境下教师新角色提出了多维度的思考,使我们对教师新角色的定位更加精准,然而,他们的论述一旦涉及具体问题,需要深入论证时,则语焉不详,又缺乏系统性,不能不说是莫大的缺憾。

4.传统与网络环境下教师职能对比分析

传统的课堂中,教师与学生面对面地交流、传授与辩难,通过这些手段将知识一代一代纵向地传承下去,对于教师而言,强调的是教师的实践性知识,实践性知识的概念最早由 Elbaz 提出,她认为这是教师以自己独特的方式拥有的一种特别的知识,强调教师知识的"实践性"。Clandinin 提出"教师个人实践性知识"的概念,强调教师实践性知识的"个人"特点,Golombek 也使用这一概念。

教师实践性知识指教师在教学实践中使用或表现出来的对于教学的认识。它融合了教师个人的观念、价值、技能、策略、情感等因素。教师实践性知识包括以下六个方面的内容:教师的观念、教师的自我知识、关于学生的知识、情境知识、策略性知识和批判反思知识。

教师的实践性知识具有五个特征:①情境性,即它在特定的教学环境中产生;②具体性,即它是具体教学情境的具体回应;③综合性,即在教学过程中各种知识相互作用,知识不是根据类型而是根据问题来组织的;④经验性,即它受个体工作、生活经验的影响;⑤情感性,即它不是纯客观的,每一位教师实际所拥有的知识都具有价值、情感、审美等特征。有些实践性知识属于内隐知识,不能通过语言、文字或符号进行逻辑的说明,只能在行动中被展现、被觉察、被意会。

然而,在国际中文学习的过程中,当网络课堂取代传统课堂,教师的实践性知识则面临着空前的挑战,横亘在学生与教师之间的是一道巨大的网络鸿沟:具体的情境性转移为抽象的虚拟性;情感与经验也被长长的网络隔离;综合性的经验不得不寻求新的表现形式。

在新的环境下,研究者们对教师新的定位进行了进一步的思考,对此,郑通涛教授对于网络环境下的教师角色进行了深入的阐述,他认为教师应该是:

①精通数字语言者;

②有创造力的思考者;

③综合技术的使用者;

④学习的协助者。

由此我们会惊奇地发现,不同于建构主义理论关于教师角色的论述,教师的角色不仅没有被技术弱化,反而被加强。早在电视诞生之初,人们预言广播即将死亡的时候,小詹姆斯·坦卡德和沃纳·赛佛林在《传播学的起源、方法与应用》一书中就曾经断言:新媒体的产生不会使旧媒体消亡,反会迫使旧媒体承担新的角色,同样,网络技术的诞生不仅没有削弱传统教师所具有的素质,反而促进教师在原有的基础上承担起更大更多的职能,所不同的是,教师前期的训练周期被缩短,由一个单纯的传道者,变成了一个有判断力、组织能力,并能运用新技术的引路者。

通过以上回顾与总结,教师角色的轮廓已经基本浮出水面,然而这只是理论上的推演,回归到网络环境下国际中文教学的现实,教师的角色究竟为何,还需进一步的分析比对,以具体案例为依托,方能看出国际中文教师的庐山真面目。

二、网络环境下国际中文教师角色研究

(一)网络环境对国际中文课堂的影响

网络技术给教师造成了巨大冲击,其带来的并不一定是灾难性的后果,反而让我们看到了将教育普及到更远地方、更大空间的无限可能性,技术加速了知识普及的进程,在人类口语传播时代,知识和经验的积累依靠的是纵向的传承,人类的知识多集中在那些年长者的手里,或是那些见多识广的漂泊艺人手里。到了印刷时代,信息得到了成批量高保真的复制,人类进入了文明时代,但是知识的获得依然逃脱不了受时间和空间限制的宿命。到了网络时代,教师才开始打破这种宿命的枷锁,挣脱了时间和空间的局限,随时随地、随心所欲的传播知识,先前筚路蓝缕花几十年甚至几百年工夫普及知识的努力,现在只需很短的时间便可以完成。

在知识匮乏的年代,知识主要来自典籍、实物和传承,然而能够解读典籍的只有教师等少数人,因此在形式上,教师实际上成了知识的源头,由于各个教师之间实际上是独立行事,彼此很少发生关联,这就造成了知识来源的单

一,更有危害的是如果作为知识源头的教师发生了错误,则只能以讹传讹,其错误很难被纠正。然而网络技术的发展,不同的族群、不同的人们联系在一起,不同的知识也汇集在一起,成为海量的资源,这样教师不再是唯一的知识来源,其发生的错误也很容易被发现,丰富的知识来源提高了教学过程中谬误的匡正率。

网络技术在给我们带来无限希望及极大方便的同时,我们也应该看到网络技术这把双刃剑的另外一面,这些都是网络远程教育无法回避的。

1.现场感的失落

从上文的分析中我们可以看到,传播渠道的改变,造成了其受众群体的改变,与传统面授课堂相比,多了一道媒体的屏障,其反馈的滞后性将大大加强,在传统的面授课堂中,教师直面学生,不但可以及时回答学生提出的问题,并且还能够对学生进行观察,学生是积极配合还是消极反馈,学生的不解、疑惑、认同、期望等等因素,身在现场的教师都能够迅速捕捉到,并做出相应的反馈,从而保证了课堂教学效果。

但是在网络环境下,由于上课的时间和空间都不确定,由原来的同步进行变成了异步进行,在这个过程中,教师和学生常常有一方缺席,或者双方都在场,由于外界很多噪音源的干扰,造成了反馈的滞后,没有反馈作为课堂支撑,教师不能得知学生的学习情况,学生也不能及时得到教师的评价和指导,其学习的过程将变得不稳定,丧失信心或者干脆终止学习,因此,低反馈率是网络教学中需要首先克服的问题。

2.资源缺乏有效的整合

毋庸置疑,网络确实为我们提供了海量的资源,我们可以从网络上得到几乎我们想要的所有资料,对于教师和研究者而言,信息的开放是件好事,可是对于学生而言,学习资源始终就是一堆冷冰冰的学习资源,我们不能强求学生在学习知识的同时,成为技术的使用者和资源的整合者,这对大多数学生而言不太现实。

虽然现在很多专家学者在研发自主学习课件,编辑国别化的教材,这对网络远程教育中学生的细分问题而言,显然又迈进了一大步,但是在实际的学习过程中每个学生都有所不同,宏观的细分虽然让学生和学习资源更加匹配,但是将学生机械分类的方式仍有削足适履之嫌,而中间的调节过程则非教师莫属了,只有这样,资源才能充分发挥其作用,学生得到的不再是一堆冷冰冰的生语料,而是饱含了教师火热衷肠的熟语料。

3.群体动力的缺失

美国心理学家勒温在研究大众心理的时候发现,社会上的群体在一个动力的支配下才能指向一个方向,这种动力正如一块磁铁产生的磁力,散布在周围的小磁针就是一个个的人,在磁力的支配下,磁针都指向磁场的方向,前提条件是每个小磁针在磁铁的磁场内。

同样,在网络教学中,虽然借助网络技术的支持,教育的触角可以伸到更远的地方,但是每个学生都不在场域内,这就造成了群体动力的缺失,学生学习的动力完全靠内在的信念在支持,这正如利用电视机或收音机进行布道,其效果远远没有在高而尖、仿佛是连接天堂的教堂内举行的布道来得有效,手风琴的声音仿佛来自天国,每个人都非常静默,在牧师的布道下每个人的灵魂得到净化与升华。

从人类学的角度而言,这是仪式的力量,在我们的生活中必不可少。网络环境下的国际中文教学,由于教师和学生不在现场,这种仪式的力量无法发挥,造成了群体动力的缺失。

4.道德教育的瓶颈

在传统的面授课堂中,教师不单单是知识的传授者,还扮演着道德教育者的角色,所以我们要求教师要为人师表、垂范后世,教师成了高尚品格的代称,通过耳濡目染、耳提面命的方式,教师的道德力量渗透在学生学习的每一个角落,历史上伟大的人物总是折射着其老师的影子,正如柏拉图在评价自己的作品时所说:"以柏拉图命名的所有作品都属于苏格拉底。"

现实的情况是,在网络环境下,学生由原来的可确定变成了不可确定,同样,教师也由原来的可确定变得不可确定,有着一层网络的隔膜,教师和学生都不在场,再加上反馈的滞后,教师的道德感化只存在于有限的文字中,或是破碎的声音或影响力里,其产生的影响几乎为零。这种身份的不确定性,是以牺牲教师道德教育的职能为前提的,因此也使网络环境下的道德教育遭遇瓶颈。

（二）网络环境对国际中文教师的冲击

通过文献的梳理与分析,我们得出了网络环境下教师的角色为何,进而分析了网络环境下国际中文教师的角色为何,结合对新冠肺炎疫情时期网络环境下教师角色的分析,便会发现多半情况下教师角色没有实现成功的转型,其相应的职能也没有得到发挥,具体问题如下:

1.教师角色弱化

因为网络学习资源的极大丰富,作为知识源头的教师已被网络所取代,但与此同时,学生的自主学习能力也被夸大,网站提供了学习汉语的各种资源,分门别类、按高低等级的不同来划分,基本上所有有关中文学习的资源都可以在上面找到,为学生提供的资料不可谓不丰富,然而这对那些自主学习能力非常强的学生而言,无疑提供了一座资源的矿山,但是对于大多数自主学习能力较弱的学生而言,如此多的教学资源只能让他们望洋兴叹,或者望而生畏,不知道如何下手,对他们而言,这始终就是一堆冰冷的语料,不具有任何的吸引力。

有学者提出网络资源学习法,这种方法在取代教师面授法的同时,也将作为学习组织者的教师角色取代了,其结果只能是一群没有教师作为中间环节衔接的散漫学习者,教师的角色被彻底地弱化掉,资源型网站存在着这种教师角色被弱化的趋势。

2.教师身份的迷失

网络技术的兴起,在带给我们兴奋的刹那,也造成了国际中文教师身份的迷失。传统面授的课堂中,时间和空间都已限定,传输与反馈同步进行,无论是上课内容、学生、还是教师,其身份都是确定的,而在网络环境下,因为信息传播渠道的改变,一切都发生了彻底的改变,教师和学生的身份变得模糊,不能确定,上课的内容不再是教科书的材料,变成了活生生的活语料,就连上课的时间和空间都发生了重大转移,那么网络环境下的国际中文教师究竟该扮演什么样的角色,在一些网络上始终没有明确的定位。

3.教师功能未充分发挥

网络环境下国际中文教师角色的迷失,致使很多教师找不到自己的定位,很多教师不能成为技术的使用者和资源的整合优化者,其组织课堂的方式也与传统面授课堂有着天壤之别,其反馈的方式也与传统面授课堂大相径庭。

通过我们访谈的几位教师,发现他们之中大多数没有时间一直在线,由于工作较忙,甚至没有安排网上上课的时间,只是将先前做好的课件或流媒体资料挂在网上,学生的反馈被武断地批量处理,甚至置之不理,教师的功能缺失严重。

以目前网络课程为例,教育部中外语言合作中心中文网站只是一个门户,上面虽然包含丰富的网络资源,并按层次、类型等标准详细划分,但其授课方式仍是传统面授为主,在不同的地域开设中文课程,将学生组织起来共同学习,其实未脱传统面授教学的面目。

4.教师教学方式僵化,不适应网络媒体

很多网站挂上了已经录制好的音频或影像资料,并辅以文本,但是这些仅仅是传统面授课堂上网而已,一旦遭遇网络现场教学,教师只好将以前面授教学经验照搬到网上,没有估计到传播对象的差异,其教学效果也大打折扣。计算机技术的不断进步使得在线课堂成为可能,改善了先前网络课堂缺乏反馈的状况,使国际中文课堂在虚拟空间里同步进行。

总而言之,在作为新媒体的网络环境下开展国际中文教学,面临着前所未有的新情况,对此教师如不能成功转型,要么是面对着网络教学赋能不足,不能充分发挥作用,其角色可以被计算机网络所替代,而计算机网络本身所发挥的功能需要进一步的教育技术化才能完成,这就严重制约着网络教学的课堂效果;要么是机械地照搬传统课堂的形式,不适应网络教学的新情况,也影响着教学进程。由此可见,囿于时间和空间的阻隔,在网络环境下要保证良好的教学效果,我们要重视的不单单是教师本身,更重要的是如何在网络环境下实现成功转型,发挥出其应有的作用,从而保证良好的教学效果。

(三)网络环境下的国际中文教师研究

语言教学中有三大主题:教师、教材和教学过程,综合考量这三个内容,教材和教学过程无论其形式和内容如何变换,在教学中的重要地位都始终不可撼动。随着新技术的应用,互联网广泛应用于语言课堂,教学各要素受冲击最大的就是教师,教师的身份正处在艰难的转型期。

国际中文教学的要义在于:在学生可接受的范围内激发其学习兴趣,并保证一定量的练习频度,这两个方面的内容,在面授课类型的课堂中,教师与学生面对面交流,教师起着主导作用,教师承担着传道授业解惑的传统职能。

然而,这种置身语言现场一对一或者一对多的交流模式被作为新技术的网络所打破,以媒体形式出现的网络,横亘在教师和学生之间,一方面打破了原有时间和空间的阈限,使以往的课堂教学功能得到最大限度的延伸;另一方面,网络上教学资源的多样性、参与者身份的不确定性以及反馈的滞后性等等因素,都影响着教师角色定位,使之处于变动不居的状态。

关于教师角色的争论也众说纷纭,有研究者认为在网络环境下,教师的角色大大弱化,网络甚至可以代替教师而存在;也有学者认为在新媒体的环境下,教师的角色不是弱化而是加强了,新的媒体迫使教师在行使原有职能的同时,又承担起新的职能。

那么,在网络环境下,教师的角色究竟发生着怎样的转换呢?自网络教学诞生以来,语言教学中三大主题:教师、教材和教学过程中的教师角色始终处于模糊不清的状态,澄清教师的角色问题成了当务之急,只有明确教师在网络新环境下的定位,在历史与现实的双重维度中廓清教师角色,才能充分发挥教师在教学活动中应有的作用,国际中文教学工作才会取得实质性的进步。

本章研究的对象是国际中文教学网络中教师角色问题,首先通过分析文献的方法,从历史的视野中对比国内外先贤对于教师这一古老职业的论述,抽绎出教师应当具备的素质;然后观察在现代视野中,在网络技术的冲击下,教师的职能发生了哪些悄然的改变;最后,逐渐缩小研究范围,通过对网络技术环境下国际中文教学分析研究,把研究对象定义在国际中文教育学科之上,因而具有某些指导意义。研究目的如下:

(1)梳理有代表性的国际中文教学网站现状的数据信息,其结果可在一定程度上为网络汉语学习提供相关的研究依据。

(2)通过对网络环境下教师角色的具体分析,并访谈相关教师,对网络环境下的教师角色现状进行总结,以供日后网络中文教学实践者们参考借鉴。

（3）以现实的调查结果为出发点，结合在国际中文教学中教师应该具备的条件，分析出问题的症结，为其研究的进一步深入与完善做出应有的贡献。

（4）通过调查发现目前网络之外教学中教师角色的缺位、模糊和僵化等问题，尝试性地提出相关建议，期望由此能引发研究者们对这些问题的关注与思考。

本章涉及关于网络教师角色的研究方法非常重要，因为随着汉语热在全球范围的蔓延，各类中文学习线上资源勃兴，要想以穷尽性的方式对每一个教学网站进行分析，现实中几乎是不可能的，只有通过科学的筛选，以统计学的科学理论为指导，才能达到管中窥豹的效果。

"描述法是通过呈现经过审核、整理与汇总的资料，说明研究对象'是什么'的一种方法。描述是解释、预测、规范研究方法的基础，只有在完整、准确的描述之后，才能形成正确的解释、预测与规范设计。"本节立足教师本位，对线上教学中学生基本信息、资源内容、交互与支持手段与技术等方面进行了具体的描述与分析，并从中归纳出当前网络环境下教师的角色问题。

问卷法是社会科学研究中普遍使用的调查方法，虽然具有一定的局限性，但仍然可以在某种程度上反映被调查者对相关问题的观点、态度等重要信息。学习者对于网络教学中教师的态度和观感是本文关注的一个重要方面，因此，我们立足于学习者，反观教师角色，进行了相应的问卷调查。

"个案研究法是对单一的研究对象（现象）进行深入而具体研究的方法，是一种经验性的研究，而不是纯理论性的研究，其意义在于回答'怎么样'的问题。"

访谈法是指通过访员和受访人面对面的交谈来了解受访人的心理和行为的心理学基本研究方法，本节研究的对象是教师，为了获得更为直接客观的、不带偏见的事实材料，以口头或邮件的形式对研究对象进行访谈，以准确地说明网络生态下国际中文教师所呈现的一种行为方式，鉴于研究的问题比较复杂，因而需要向不同类型的人了解不同类型的材料。

三、网络环境下国际中文教师角色再定位

（一）网络环境下经典教学理论对教师角色的影响

研究者们给网络现代远程教育所下的定义为：利用多媒体技术、计算机网络技术、信息通信技术以及和现代学习理论紧密结合的教育技术手段，以网络为传播超媒体信息的媒介，采用实时或非实时、交互或非交互的教学方式，将各种课程和教育资源信息传送给校园之外的学生的一种教育模式。接下来我们仔细探讨一下经典教育学理论中教师角色在网络环境下发生的变迁。

1.网络教学中行为主义学习理论对教师角色的影响

以桑代克、巴甫洛夫、斯金纳等为代表的行为主义的学习理论是 20 世纪以来逐步形成的。行为主义学习理论有两大学派：经典行为主义学习理论和新行为主义学习理论，即所谓的操作性行为主义学习理论。其中对网络汉语学习资源起到重大促进作用的是斯金纳的新行为主义理论。该理论认为："学习是刺激与反应的联结；学习过程中强化很重要。斯金纳总结出下面三个公式：反应＋强化——增强反应；反应无强化——减弱反应；反应＋惩罚——压抑反应。在此基础之上，行为主义学习理论得出学习的四个基本要素：内驱力（如对赞许的需要）、线索、反应和奖励（或强化），并由此总结出三个学习的基本原理：（1）内驱力演化为动机作用；（2）反应演化为积极反应原理；（3）奖励（或强化）演化为即时强化与反馈。"

由于这种理论强调认识来源于外部刺激，并可以通过行为目标检查控制学习效果，在汉语技能性知识点的掌握、初期机械性训练、母语对汉语习得消极影响的矫正方面有明显的效果，因而，在 20 世纪 50—70 年代，这种学习理论曾对语言习得理论和教育技术产生很大影响。比如，与结构主义语言学相结合产生了当时最为先进的视听法，并相应地出现了用于听说练习和句型操练的录音带、录像带以及其他的视听技术手段。又如，教学机器和程序教学法的兴起也都是以这种理论作为理论基础的。

受行为主义学习理论的影响，网络的建构者们强调用大量的学习资源来

刺激学习者,使学生在大量机械性的练习与反馈中,获得学习上的进步,为此,很多网站的设计内容包罗万象,内容庞大而复杂,希望网罗所有能刺激学生的信息,以达到足够的刺激量。

但是这种做法没有顾及学生的心理机制和性格背景,企图用量的方法来替代教师对质的发现,忽视了学生学习的认知过程和教师对学生的认知过程,教师根据学生的反馈和了解对学生兴奋点的发现,在这里被网络所代替,教师的角色被明显弱化。

2.网络教学中认知学习理论对教师角色的影响

认知学习理论形成于 20 世纪 60—70 年代,其代表人物和学说主要有杰罗姆·布鲁纳的认知结构学习理论,奥苏贝尔的认知同化学习理论和加涅的累积学习理论。这一理论强调人的认识不是由外界刺激直接给予的,而是外界刺激和认知主体内部心理过程相互作用的结果。学习过程就是人们根据自己的需要和兴趣,利用过去所掌握的知识和经验,对当前的外界学习刺激做出主动的、有选择的信息加工的过程;是在一定的情境即社会文化背景下,利用必要的学习资料,通过意义建构方式获得知识的过程。

认知主义学习理论与行为主义不同,高度重视学习者的主体能动性,突出了理论与实践的紧密结合,认为学习语言不是建立一种习惯,而是一种在大脑中建立语言模式的个人心理活动。它与 20 世纪 60 年代以后出现的 Chomsky 的语言学理论和社会语言学的交际能力的概念相结合,发展出了社会认知语言教学法和交际语言教学法。这些方法强调语言学习的主动性和社会性,不是只给学习者提供"可以理解的输入",而是要让学习者积极主动地去获取与已有知识结构最有联系的新知识,练习将来可能遇到的实际社会交流,教学的趣味性更强。根据这样的理念,学习者应该最大限度地接触有意义的材料并且在大脑中建立个人的语言体系,并可以通过合作达到同时学习语言和内容的目的。多媒体技术和以计算机为媒介的交流为这一学习理念的实现提供了强有力的技术支持。

认知主义的教学理论在很大程度上弥补了行为主义教学理论对学生和教师认知过程的忽视,强调有效的刺激和在大脑中建构理论模型,以更人性化的方式强调"可理解性输入",这样就滤去了不必要认知的杂音,提高了学习的有效性。

但是这一理论应用到网络上,如何让学生获取与已有知识结构最有联系的新知识,如何在学生交际与协作的过程中对其进行合理的监控与引导,使之不至于偏离航向,则成了保证教学效果的关键,从这个角度而言,教师的角色是被强化了。

3.网络教学中建构主义学习理论对教师角色的影响

建构主义是认知主义的一个重要分支,最早可以追溯到瑞士的著名心理学家让·皮亚杰。皮亚杰的"同化与顺应"认知发展过程演说可以看作是建构主义的开端。在皮亚杰理论的基础上,科尔伯格、斯腾伯格等人对建构主义理论进一步丰富和完善,逐渐形成了较为完整的理论体系。

"建构主义学习理论认为学习在本质上是学习者主动建构心理表征的过程,这种心理表征既包括结构性的知识,也包括非结构性的知识或经验。"它以"学习者"为中心,强调知识不是通过教师传授得到的,而是学习者在一定的情境即社会文化背景下,借助其他人的帮助,利用必要的学习资料,通过意义建构的方式而获得的。建构主义学习理论认为"情境、协作、会话和意义建构"是学习的四大要素。其中,"意义建构"是整个学习过程的最终目标。"情境、协作、会话"是实现"意义建构"的条件或途径。为了实现良好的"意义建构",必须创设有利于学习的环境并把情境创设看作学习资源设计中最重要的内容之一。在学习中,学习者通过协作学习,通过与其他学习者协商、对话从而实现意义建构。

建构主义学习理论自诞生以来就成为网络教学最重要的指导思想,他强调的是有意义的建构,强调学习者的学习过程是主动的个性化合作,当前的网络语言教学几乎都是以建构主义理论为基石展开的。但是以建构主义理论为指导的网络教学,强调学生的学习过程中的主动性,要求学生能有更强的自学能力,包括自我约束、自我计划和自我组织等能力。在这种理论中,教师的地位被完全的摒弃,教师对学生的组织管理完全被学生的自我组织管理所取代,学生学习的对象也由教师变成了其他同学,这在某种程度上过度地夸大了学生的自主学习能力,教师的角色在此理论中完全淡出。

4.其他相关理论对网络教学教师角色的影响

有研究者认为,学习是人的自我实现,它不是一般信息的接受和知识的积累,而是与学习者各部分的经验融合在一起的,可以使学习者改变自己的行为、态度、个性等,使自己最终成为一个完善的人。真正的学习是意义学习,学习是由学习者内心生出的欲望,学习会使学习者的行为、个性等发生改变,学习是由学习者进行自我评价的,学习的中心是学生,要使一切学习活动真正具有个人意义。

从这个角度而言,教师的职能则发生了悄然的转变:教师要从传统意义上的教者(teacher)转变为学生学习的促进者(facilitator),为学生设置有利的学习环境,提供相应的学习资源,并对这些资源进行有效整合,以服务于教学。

波兰语言学家博杜恩·德挥尔德于1870年提出应用语言学的概念,从狭义的角度讲,它主要指语言教学,尤指第二语言教学。第二语言学习理论中包含文化合流模式理论和语言调节模式理论。文化合流模式强调第二语言获得是由学习者与所学语言的文化之间的社会及心理距离所决定的;语言调节模式理论将学习者学习第二语言的动机分为仅仅出于功利目的而学习的实用动机型和出于对另一语言文化集团产生了好感并希望成为其一员的归附动机型两类,强调从学生的学习动机出发,激发学生学习的欲望。①

文化合流和语言调节理论的提出则为网络汉语教学提供了理论的支撑,网络丰富的文化资源足以取代教师的知识源地位,从文化的角度激起学生的文化归属感,而传统面授课堂中的教师对此则显得力不从心,从这个角度出发,教师的这两项职能是完全可以让渡于网络的。

从以上的几种早期理论中我们可以看出,教师的角色时而被弱化,时而被加强,又时而被完全摒弃,网络是集各种理论于一身的综合体,在这个复杂的形体中,教师的角色从理论上看是不明朗的、不清晰的,定位是模糊的,其功能是否能完全发挥在这里是要被打上一个问号的。且待分析实际的网站之后,从各个网站的实际运行情况,再分析出教师在网络国际中文教学中的角色究竟为何。

---

① Krashen C. Social Discursive Constructions of Self in L2 Learning[M]//Lantolf J P. Sociocultural Theory and Second Language Learning. Oxford: Oxford University Press, 2000:75.

（二）网络传播模式中的教师定位

以宣传分析闻名于世的美国政治学家拉斯韦尔曾用 5W 的模式概括了人类传播的过程，即谁（who）、对谁说的（to whom）、说了些什么（what）、什么渠道（what channel）以及反应如何（with what effect），如果说这个模式概括了人类所有传播行为的话，那么教学活动，甚至是网络上的教学活动也应该涵盖其中（如图 3-2 所示）。

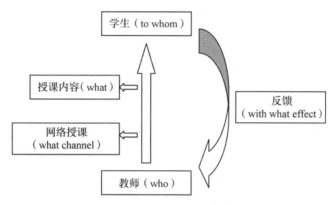

图 3-2　课堂教学中的知识传播 5W 模式

在这个模式中，我们分离出了教学过程中各个环节要素，与传统教师面授课堂相比，网络课堂所改变的量是授课渠道的问题，而其他的几个量依然存在，只是在网络教学中因为传播渠道的改变，其他的量都要做出相应的调整。

首先，传播的客体，即学生由先前的可确定变成了不确定，因为四通八达网络的支持，我们可以把教育的触角伸到世界的各个角落，学生的身份、文化背景、年龄、血统、层次都变得扑朔迷离，学生上课的时间也由同步变成了异步，上课的地点也散落在各个地点，不能确定。

传播的内容，即授课的内容也因学生的确定才能确定，不然就成了无的放矢，不但造成资源的浪费，也达不到预期的传播效果。假定我们已经对学生进行细分，并确定了授课的内容，那么反馈则成了关乎教学效果成败的关键因素，在传统面授的课堂中，学生的反馈教师能够马上捕捉到，并做出相应的调整以达到最好的教学效果，但是在网络教学中，不但授课的内容受到干扰，并且反馈的过程也变得滞后,美国数学家香农很早就注意到了这种现象,和韦弗二人提出了新的传播模式,反映在网络教学上(如图 3-3 所示)。

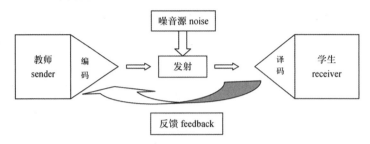

图 3-3　课堂教学中的知识传播香农-韦弗模式

从以上图表中,对比拉斯韦尔和香农-韦弗的传播模式,我们可以发现,香农在传播模式之间新增加了一个噪音源,这个噪音源可以指太阳风对电磁波的干扰,可以指恶劣的天气导致信息没有送达,总之,这里的噪音源泛指一切影响传播过程的负面因素,它不但影响着传播的过程,也影响着反馈的过程,因此网络的稳定性、流畅性和易获得性关乎着网络教学的信息是否能被送达,也关乎着学生对教学内容和方式的反馈情况,虽然这个反馈来得慢了一些。

随着技术的发展,网络传播的噪音得到了降低,与此同时,海量的资源在网上泛滥,造成了信息爆炸的异象,所有的资源都变得唾手可得,对此学生可能会面对如山的信息不知所措,这时教师的功能得以凸显,教师一方面编辑针对不同群体的网络课件,另一方面还要监控教学过程(如图 3-4 所示)。

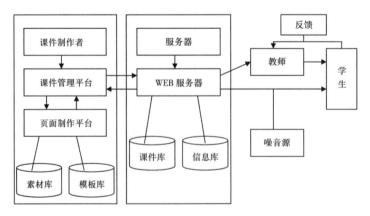

图 3-4　技术视野下课堂教学中的知识传播模式

　　由以上分析可以看出,网络虽然为我们提供了海量的学习资源,这些资源可以再细分,从而进入各学生层次,但是让学生直接面对这些资源,学生一方面可以获得极大丰富的学习资料,另一方面反馈的缺失、引导的缺位等因素导致学生虽然很容易接受一个汉语学习网站,但不能持久,或者不能有效切入,其兴也勃焉,其亡也忽焉。因此,教师的作用不容小觑,他是学习资源和学生之间的中枢,教师成为资源的利用者,为学生找到匹配资源,并及时反馈,监控整个学习过程,从而达到相应教学效果,从这个角度出发,我们得出教师与学生等教学因素在网络环境下的关系(如图 3-5 所示)。

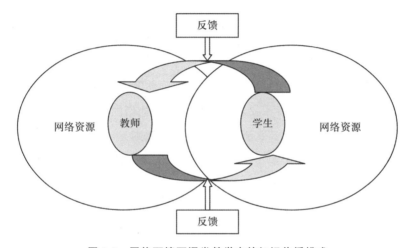

图 3-5　网络环境下课堂教学中的知识传播模式

　　以上图示揭示了网络教学活动的实质,教师和学生同样面临着海量的学习资源,网络取代了教师的一部分职能,教师也不再是知识的源头,在庞大的学习资源面前,教师退守到了和学生同等的地位,和学生一同成为技术的使用者,但这并不意味着教师角色的弱化,相反它要求教师承担起新的功能:整合资源,并使之与学生发生有效关联,这重返了教学的核心:教与学,教师与学生,因为资源的背后都是人,只有发生了交集,才会达到预期效果。

(三)网络媒体对国际中文教师角色的塑造

1.网络环境下教师角色与教学本质的体现

　　以上是对网络环境下教师角色的分析,下面我们细化到网络环境下国际中文教师应该扮演什么样的角色,这不仅要求充分发挥网络环境下教师职能,更要体现国际中文教学的本质。美国心理学家兼教育学家杜威曾经研究过人脑接受信息的途径,提出了反射弧的概念,同理,这种冲击—回应的模式也可以运用在语言教学上,国际中文教学的实质不外乎是激发学生的兴趣,保持学生的兴趣,并不断增加训练的频度,直到形成一种习惯。所以,作为国际中文教师,首先,应具备激发学生学习兴趣的能力,我们从教师本身素质和学生情况两方面进行论证。

虽然网络依然成为知识的源头,但是这并不意味着教师可以放弃获取知识的努力,这是学习的内容发生了改变,由过去深挖井的方式转化为广挖坑,教师的知识不求专精,但其覆盖面必须广,而且是越广越好。从理论上讲,只有教师的知识结构能网罗所有现存的学科知识,这种知识不是具体而微的,而是大纲式的、目录式的或者导航式的,这样教师的知识网与学生的知识网交集的可能性才越大,只有产生了交集才有可能激发他们的兴趣,不然学生和教师自说自话,风马牛不相及,那么激起学生学习兴趣则无从谈起。

既然教师所教授的为语言,语言则包含着人类所有的情感,我们就不能简单地把它当作一门工具来教,更要从思想上意识到语言是一门艺术,语言首先是工具,然后是艺术,只有艺术才能打动人心,才能融化到学生的灵魂深处,才能激起他们学习的热忱和兴趣。人类学习语言大都是从口语开始的,作为教师一定要有标准的语音,而不能仅仅停留在能交流的底线上,因为国际中文教师还有可能担任语音启蒙的重任,如果教师语音不标准,势必会以讹传讹,贻害无穷。只有标准的语音才能唤醒学生的审美力,才能感染学生,使之愿学乐学。作为国际中文教师,虽谈不上言为世范,行为世则,但是其一言一语都成了语言的示范,这将对学生会产生很大的影响,为此,教师首先要善言,学会熟练使用各种语言手段,无意之中会有一种春风化雨般的力量。

教育是社会公器,教师作为一种特殊的职业,是在公众场合下出现的人物,因此教师应该注意自己的形象塑造,在传统的面授课堂中,教师的谈吐、举止等都反映出教师的内在修养,在网络环境下,教师的外在形象最大程度上被虚化,成了一个象征性的符号,这时其内在的修养便呼之欲出了。古人云"文如其人",现在网络环境下教师的内在修养体现在有限的文字中,体现在支离破碎的声音或影像里,凭着有限的信息而构建强有力的人格魅力,吸引学生参加学习,没有深厚的内在修养是无法做到的。

从学生的一面而言,要想激发学生的兴趣,作为一名合格的网络国际中文教师,首先要了解学生的知识背景,结合自己的知识背景,二者交集在一起,就会形成多个激发点,激起学生强烈的学习兴趣,不然只是无的放矢。由于网络教学打破了传统面授课堂时间和空间的限制,学生也分布在世界的各个角落,教师要想达到预期的教学效果,必须对学生所处的国家、地域、文化、宗教、血统、人种、职业等一系列背景有所了解,这样教师才能找到学生的兴奋点,巧妙安排教学任务。

语言训练的另外一项重要内容便是保持训练的频度,直到形成一种良好的语言习惯,针对不同的语言要点,教师首先要成为信息的激发者,引起学生的兴趣,然后成为教学的组织者,他组织的对象是散落在世界各地的人们,在异步的空间里将他们联系在一起。因为学习者学习时间的错位,教师可采用伴随性学习的手法,不断地去激发学生、引导学生,迅速捕捉到学生出现的问题,并马上给予反馈,保持学生语言训练的频度。

2.网络环境下国际中文教师再定位

(1)情境再现:虚拟环境中异步再现。

现实的课堂环境我们无可挽回地失去了,现代飞速发展的技术为弥补这缺憾提供了可能性,但问题是技术本身并不能代替人成为教育的主体,借助于现代化的技术手段,我们可以从同步的一对多的交流形式重返异步的一对一的交流方式,而这种一对一的交流被认为是迄今为止最为有效的交流形式。

因此,在网络学习资源中,教师可根据学生时间安排的不同,实现教师与学生一对一的辅导交流,重建课堂场景,及时反馈,这样才能保证最好的教学效果,弥补现场感缺失的不足。

(2)仪式重建:迷途的召唤。

散落在网络丛林中的汉语学习者,由于以上分析的种种原因,或是反馈的滞后,或是噪音的干扰,或是群体动力的缺失等,他们迷失在丛林的小道中,或终止或放弃,这时维持他们继续学习与否完全取决于教师,教师像牧羊人一样一直在召唤迷途的羔羊,时刻关注他们,让他们觉得老师就在身边,随时给他们拨正航向。

这就要求教师时刻与学生保持互动,融入他们的网络,每日提醒所学课程,并提供知识地图和导航系统,还可以定期把他们召集在一起,共同学习,相互交流(如图 3-6 所示)。以笔者主持的厦门大学海外教育学院万隆远程教育师资班为例,利用网络技术将学生现场和教师现场连接起来,通过这种重建仪式的活动,才使学生不至于有疏离感。

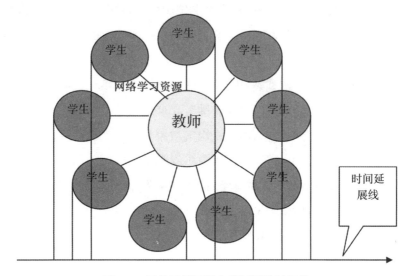

图 3-6　网络环境下学生学习活动时间线

(3)转化灵感:生语料到熟语料。

正如上文所述,网络虽然提供的学习资源极其丰富,但说到底都是一些冷冰冰的语料,当然,人们重新整理语料、细分语料的努力从来没有停止过,然而,从另外一个角度而言,将现有语料细分到每一个人不仅没有可能,而且也没有必要,这就需要教师的衔接作用。

我们提供给学生的不是一堆生语料,而是教师根据学生的情况量身定做的熟语料,这个过程本身不可能由学生自己来完成,在学习资源和学生之间横亘着一道总也绕不过去的桥梁,这便是充当优化学习资源作用的教师,教师根据情况将生语料转化为熟语料,这样学生才能消化吸收。

（4）在技术和知识间寻找平衡。

既然我们不能强求学生成为技术的使用者，这不但加重学生的负担，也偏离了语言教学的要求，那么这项艰苦的工作就必须由教师来完成，教师的任务不再是不断地增加知识，而是有效地梳理这些知识，以更加有效的方式传播下去。

因此，在这里教师的角色发生了悄然的转换，教师不但要在虚拟的空间中召唤那些有志于学习汉语的学生们，还要根据他们的情况优化现有语料，他们实际上变成一个组织者，不但要组织学生学习，而且要组织语料。

（5）随时随地的知识评价。

传统的面授课堂中，教师的评价成了唯一的标准，评价也只能由教师做出才够得上权威，网络技术的发展已经足以代替教师对学生的考试做出评价，但是这种判断仅仅是简单的是非判断，并没有包含多少其他的因素。

在学生学习的过程中，教学评价时刻都在进行，他们散碎不成系统，无论是网络学习还是现场学习，在不断的评价中，学生才能发现弱点，并加以改正，因此这种评价并不是技术能取代的，退一步来讲，教师对学生的点评，不仅仅停留在是非的层面，常常是抽丝剥茧，层层深入，包含着道德的关怀与智慧的闪光。

综合以上五点，网络环境下国际中文教师的角色如图 3-7 所示：

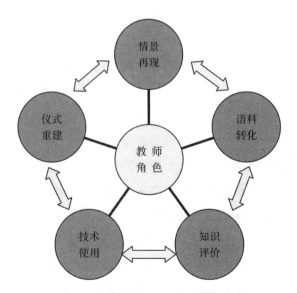

图 3-7 网络环境下国际中文教师角色

通过图 3-7 我们可以看出,网络环境下的国际中文教学,教师处于最核心的地位,其所承担的角色分布四周,这五个角色不是相互独立的,而是相互作用、密不可分的,它们共同构筑起了网络环境下国际中文教学的坚实基础。

第三节　国际中文人才培养结构的系统化转型

一、"一带一路"中印尼国际中文教育合作问题分析

承担国际中文教育重任的孔子学院不但是促进"一带一路"民心相通的关键组成部分,也是中国对外展开公共外交的重要机构。孔子学院建立的初衷就是聚焦两国合作,为所在国家和地区的人们提供国际中文和中华文化教育资源,开拓发展路径、创造就业机会。到目前为止,全球共建立 500 多所孔子学院和 1000 多个中小学孔子课堂,成绩斐然。新时期孔子学院更以培养知华、友华、亲华的"一带一路"建设性人才为己任。然而,受新冠疫情冲击和逆全球化的影响,孔子学院等教育机构面临诸多问题与挑战,印尼孔子学院既面临全球视域下共性的转型困境,又需要解决具有本土特征的个性化实际问题,主要表现在以下几个方面:

首先,孔子学院在印尼设置的数量与其政治经济和文化大国的体量不符。截止到 2021 年 12 月,中国在印尼设立 6 所孔子学院,与此同时,在美国的孔子学院数量达 112 所、泰国设有 16 所。无论从市场规模、发展潜力、地理位置、人口数量以及"一带一路"合作度等角度而言,印尼孔子学院的数量都远远不够。孔子学院覆盖不均衡导致的结果是其声音有被湮没的危险,例如中美贸易战为导火索而进入的对抗状态下,大量设立在美国的孔子学院面临生存困境,而分布在印尼等重要发展中国家的孔子学院数量较少、声音微弱,不能对孔子学院进行有效辩护,造成其在国际社会的影响力十分有限,难以有效对冲国际舆论风险。更为重要的是,因为印尼孔子学院体量有限,一方面难以规模化地培养人才,填补"一带一路"人才缺口;另一方面也不能形成合力,根据"一带一路"建设所需有针对性地进行人才培养。

其次,孔子学院在印尼存在宗教误读的风险。印尼是信仰宗教的国家,作为思想家和教育家的孔子及其学说,在印尼被理解为与孔教相关。为了避免卷入宗教问题,中国设在孔子学院的做法是中文名与印尼文名和英文名分离,中文名为孔子学院,印尼文和英文名意为中国语言文化中心。这种做法一方面避免了政府审核及社会传播过程中被误解的风险,另外一方面反映出我们缺乏文化自信,主动放弃对孔子学院进行解释的话语权,相当于同时放弃了因此而产生的良好国际传播机遇,使名称内外不符引起更多误会与猜疑。实际上,印尼根据多宗教、多文化、多民族的国情,对外来文化实行兼容并蓄的政策。美国据此在印尼开展工作,直接设立美国文化中心,倡言与不同宗教进行交流;奥巴马总统创造机会,推动不同宗教间的合作、推动不同信仰人们对话的努力取得广泛认同与良好效果。孔子学院并非宗教,孔子是文化的先驱和代表,文明互鉴是两国人民的共识,更无须有意无意地回避。与美国做法相比,中国孔子学院在此问题上的做法反映出传播中华文化能力的限度。

最后,文明互鉴功能缺失与孔子学院转型困境。在西方国家饱受诟病的孔子学院资金来源问题与教育自由问题在印尼没有真实地发生,这是新冠疫情冲击与中美对抗的形势下,孔子学院面临收缩甚至关闭的危险下最坚实的阵地。遗憾的是印尼孔子学院长期以来占据有利地势,却并没有巩固战果、扩大战果,事实上,孔子学院从内容到形式都面临发展困境。从内容上来说,印尼孔子学院没有关注两国人民所共同关心的议题,其课程教授的内容以语言为主,辅以中国文化表象诸如包饺子、太极拳、舞龙舞狮等等,对中国文化的核心意涵及中国发展状况鲜有触及,外界很容易误读为这些代表中国的现状。从形式上来说,综观两国教育合作方面及孔子学院发布的新闻,其举办的活动大部分为庆典及文化展演活动,很少有围绕两国发展及"一带一路"建设的学术会议、论坛、演讲等等,在印尼主流文化圈中缺位,更谈不上引领潮流、进行对话了,文明互鉴只流于浅表的形式,没有真正充分发挥其应有的功能。总之,孔子学院为代表的教育合作,供给侧和需求侧的失衡导致自说自话,引起外界质疑和批评。

二、技术视野下印尼国际中文人才培养转型向度

（一）"一带一路"建设数据丰富与人才培养数据匮乏

党的二十大报告指出,当前我国社会主要矛盾已经转化为人民日益增长的美好生活需要和不平衡不充分的发展之间的矛盾。从这个逻辑出发,当前"一带一路"国际中文人才高质量培养的主要矛盾,是"一带一路"日益增长的国际化人才需求与人才供给不平衡不充分发展之间的矛盾。从人工智能技术角度而言,矛盾的关键主要表现为人才培养数据建设的不平衡和不充分,这关乎人工智能是否充分发挥作用的底层逻辑问题。

1.国际中文人才需求缺乏实地调查和数据支撑

按照中国和沿线国家共建"一带一路"的逻辑,基本上是经济贸易和基础设施落实到哪里,教育和民心工程就覆盖到哪里,"一带一路"带来全球性经济增量的同时,也创造了大量的就业岗位,这些岗位对人才素质的要求对现有人才培养体系构成了严峻挑战,成为人才培养机构必须要面对和回答的首要问题。孔子学院等教育机构所培养的"国际中文＋文化技能"的师资人才显然已经不能满足新兴就业市场的需要,无论人才素质内涵还是人才培养范式,在"一带一路"高质量发展愿景下都面临国际化转型的强烈需求。

但是到目前为止,学界对国际中文人才需求侧的研究多停留在理论探讨的阶段,人才供给侧的变革与创新缺乏坚实的数据支撑。郑通涛等学者很早已经意识到必须系统开展人才需求的数据整理工作,通过数据挖掘和实地调查厘清人才需求特点;王辉等通过 Python 编程调查了一些国内主要招聘网站,通过指标构建呈现"一带一路"非通用语人才市场需求状况,"一带一路"国际中文人才市场实际需求数据依然十分匮乏。

2."一带一路"建设数据与人才培养数据严重失衡

"一带一路"倡议提出以来,围绕重点建设的"五通",各项数据指标相继出炉,清晰地展示了"一带一路"的建设实绩。国家信息中心每年发布《"一带一路"大数据报告》《中国对外直接投资统计公报》等,以此为蓝本的专题报告诸

如《"一带一路"经贸合作大数据报告》《"一带一路"金融合作大数据报告》《"一带一路"能源合作大数据报告》不断产出;北京大学等进行的《"一带一路"沿线国家五通指数报告》等基于大数据的系统分析逐渐深入,共同组成了"一带一路"建设的完整数据图景。

与"一带一路"建设数据极大丰富形成鲜明对比的是"一带一路"人才需求数据的普遍缺失,基于大数据综合运用灰色预测模型、需求拉动理论进行人才需求分析主要集中在个别专业领域。与此同时,人才需求特征相关数据分析逐渐显现,基于互联网招聘信息的人才需求分析模型等,李运福等通过文献计量分析了 AI 时代学生的素质能力特征,陈莉等根据相关年报等官方数据进行趋势分析和对比分析,这些都是对人才需求分析的有益尝试,积累了宝贵的数据资源,但完善的数据建设还有很长的路要走。

3."一带一路"人才培养专题数据库建设缺位

"一带一路"人才培养数据库是人才强国战略的重要数据基础设施,也是实现人才供需信息均衡、支撑人才政策制定的必要理据,目前中国人才数据库建设主要有以下方面问题:

首先,数据库建设的技术问题。数据云平台包含 Iaas、Paas、Saas 三层架构,具备数据采集、数据分析、数据存储、数据服务四大核心功能,还需考量多元异构数据的融合问题,因为"一带一路"建设是在国际范围内开展,需要突破资源、机制、标准和语言等障碍,对现有技术进行优化升级。

其次,数据库的内容建设问题。现有的国际中文教育相关数据库主要围绕教学资源库建设进行,诸如服务于教学的中介语料库、教学案例库、语言资源库都已经陆续建立,在一定程度上促进了教学模式改革。目前,国内主要城市已经意识到数据库对人才培养的重大意义,逐渐开始行动起来。上海建立了基于大数据的人才政策库,深圳将打造人才大数据平台,南京开始探索建立国际人才大数据库,服务于"一带一路"建设的人才培养专题数据库尚处于初创阶段,还需要不断探索和完善。

（二）技术使用的泛化与教育技术的碎片化

科学革命发生以来,随之诞生的各项技术推动人类社会不断前进,同时也给教育带来了深远影响,技术不但重塑着教育形式,也从根本上变革着教育内容。工业革命给教育形式带来的改变是,以人才的标准化、规模化培养取代"催产术"类型的启发式教育;信息革命将教育内容从知识获得转变为对知识的处理和分析;人工智能对教育产生的影响逐渐显现,但尚未发生根本性变革。

1.技术对教育原有模式的强化与发展的阻碍

统观国际中文人才培养过程就会发现,技术使用已经渗透到了教育的每一个环节。举例而言,国际中文教学课堂所使用的电子白板技术,大大提升了教师的课堂书写与展示能力,而对课堂教学有效性影响则缺乏研究数据的支持;还有课堂广泛采用的视听技术,各类教学视频、音频属于传播学意义上的冷媒介,因为语言是交流的工具、思考的工具,语言教学主要目的在于通过交流和互动达到教学目的,冷媒体带来的是信息的单向传输,最大限度地压缩了与之交互的空间,同时也减少了因交互而产生的思想增值。通过分析发现,这些外源性技术的使用没有充分考量国际中文教学规律,缺少了教育技术化的必要步骤,造成了教学效果的有限性,从某种程度上来说,这些技术的使用只是对原有教育技术的强化,并不能对教学本身产生变革性影响,反而成了教育发展创新的障碍。

2.技术对教学空间的拓展与对教育本质的偏离

互联网技术的广泛普及给教育带来了极大的便利,它打破了传统课堂时空结构的阈限,使课堂延伸到更远的地方,拓展到更为广阔的空间,使教育资源的配置更有效率,从而促进了普遍意义的教育公平。尤其是新冠肺炎疫情暴发以来,线上教学几乎成了未来教育的大势所趋,各国先后发布相关文件,大力倡导线上教育。线上教育的空前发展既有外部环境的促成,也有信息技术赋能的内在理路,它部分契合了教育亦是知识传播过程的规律,充分发挥了网络作为信息传播媒体的效能。然而,教育的过程不仅仅是知识传播的过程,还有知识对学生的影响和塑造,线上教育打破了传统人才培养的场域,空间感的失落造成仪式感的缺失,这些都严重影响了教学效果。线上教育带来的是学生对课堂投入的减损,网络课堂上学生不打开音频和视频,教师对学生的学习状态难以掌握,教学效果难以保证。甚至有学者在考量线上教学和线下教学的关系时只好向线下教学倾斜。

总之,技术与教育相伴而生,技术影响着教育、塑造着教育,也逐渐成为教育的主要内容,没有技术的进步也就无所谓教育的现代化,目前的问题不是教育与技术的排斥,而是教育与技术的融合路径发生了部分偏离。信息技术的滥用使教育远离了其本质,对学生成长发展甚至对文化生态都产生消极影响。教育对技术的使用缺乏系统性考量,既表现在技术使用本身缺乏系统性,也表现在技术使用没有很好地遵循教育本身的规律,缺省了教育技术化的过程,致使技术赋能教育与人才培养的效果比较有限。

（三）人才培养模式微观局限性与缺乏系统性

立足人工智能技术审视"一带一路"国际中文人才培养问题,我们发现目前的人才培养模式不仅存在因数据缺失和技术泛化导致人才培养对教育本质的偏离现象,也存在人才培养模式构建的数据基础不牢、教学模式多局限在微观范畴且机制性建设不足等难题。作为高质量发展和教育改革的深水区,人才培养模式多年来改革收效甚微,主要原因是将视野局限在微观层面。要言之,现有模式缺乏对人才需求侧和供给侧动态关系的整体性考量。

1.人才培养模式构建数据依据不足

就"一带一路"国际中文人才培养模式的理论构建问题,学者们进行了系统而深入的讨论。"一带一路"倡议由中国提出,只有使用中文才能准确传达倡议理念意涵,消弭文化交流产生的误解与隔阂,专业复合型语言人才培育成为"一带一路"建设的重要保障。参与"一带一路"建设的跨国公司的通用语言选用中文比较确当,因此,跨文化交际能力为人才培养主要议题之一,"中文＋职业教育"为今后的增长点。国际中文人才培养模式处于转型与发展的转折点上,需要确立需求导向的人才培养模式构建原则。

基于这些理论原则,人才培养模式现实构建的依据主要来自两方面:一方面是对过去人才培养经验进行历史回溯和集中梳理;另一方面来自"他者"的经验借鉴,例如歌德学院、法语联盟的人才培养模式等等。事实上,国际上已有成熟的基于数据库的人才培养经验,美国高等教育数据库建设与人才培养一体化进行;兰德智库以数据驱动决策并进行高端决策性人才培养。这些所折射出的问题是,目前人才培养模式的构建主要基于经验借鉴,还缺少基于数据驱动的模式运算。

2.教学模式多微观而缺乏系统性

"一带一路"建设在推进过程中呈现出来不同需求,决定了人才培养模式构建的差异性。不仅需要顶层设计层面的全球化、地域化、国别化人才培养模式,还需要不同行业、不同层次的具体人才培养模式,在人才培养开展的过程中,还需要采用匹配的教学模式,这些共同构成了"一带一路"国际中文人才培养复杂系统的子系统,共同指向"一带一路"的建设需求。实际上,"一带一路"人才培养系统多集中在微观过程层面,例如偏重教学效果的产出导向法,还有借鉴OBE等模式的国际中文人才工程化培养,以及针对国际中文教师能力培养问题。这些模式对人才培养进行了有益的探索,遗憾的是人才培养所涉及的不同子系统、不同层次尚不能在"一带一路"人才需求的驱动下形成合力。

3.人才培养模式缺乏机制性建设

"一带一路"高质量发展的要义在于可持续发展和机制化建设,人才高质量培养是"一带一路"高质量发展的根本支撑,要发挥人才培养模式的作用必须有完善的机制保障。考量到国家合作领域、社会需求重心和个体学习动机等市场需求侧状况,引领规范与指导的上游政策供给、提供服务与支持的中游资源供给、关注教学与实践的下游服务供给等组成的供给链还需优化升级。基于需求现状和问题,国家层面尚需进行多维度的政策支持与全面布局,院校层面需要构建跨学科的人才培养体系,强调多元化的知识并形成系统的人才培养方案。

综上所述,基于人工智能的视角,"一带一路"高质量发展背景下,国际中文人才培养需求数据支撑不足,人才培养专题数据库尚未建设完善,人才培养模式构建缺乏系统性的运算考量。未来人工智能蓬勃发展,给这些问题的解决带来了诸多可能性,新技术的诞生不是对旧技术的取代,而是对原有技术的融合与发展。从这种意义上而言,人工智能不但使技术的使用有了统一的指向,也能按照教育的本质规律以最优效率和最佳路径传播知识、处理知识,以需求为导向、以学生为中心完成人才的塑造和培养,这些不仅是目前人才培养亟须突破的瓶颈,也是未来值得努力的方向。

三、国际中文课堂教学的高质量发展路径

国际中文人才培养的另一个关键性因素在于课堂教学,高质量发展背景下,国际中文课堂教学的赋能手段除了计算机技术之外,还有中国文化以及中国文化为代表的思维方式赋能,将语言教学置于文化背景与文化传统之下,增强所教授知识的可理解性。接下来以中文中常见的"吃"为具体案例,探索如何使国际中文课堂教学更加有效。

(一)传统课堂中"吃"的语法教学

在现行的课堂教学中,归结到具体的语法层面上,我们可以将"吃"分为三个类型,然后逐一进行分析。

1.吃＋N1(具体、可食用)

动词"吃"加名词构成动宾结构,这是汉语中最常见的一个结构,按照"配价理论"的解释,"吃"是一个二价动词,"吃"的后面可以关联两个名词性的词语,像"吃饭""吃水果""吃烧饼"之类的结构,其意义非常明了,无需多讨论,对于"吃＋N"结构,现在就以下两种情况,并结合例句分别加以分析。

(1)"吃他的饭"和"吃他一辈子"对比分析。

"吃他的饭"这个句子中,动词"吃"的后面接了两个名词性的词语,即"他"和"饭";同样,"吃他一辈子"这个句子中,动词"吃"的后面也接了两个名词性的词语,即"他"和"一辈子";这两个例句可以证明"吃"为二价动词,但是这两个句子所表示的意义却有所不同。

在"吃他的饭"这个句子中,"饭"是"吃"的受事者,而"饭"的前面有一个"的"字结构"他的","饭"和"他的"是修饰与被修饰的关系,即"饭"被限定在"他"的范围之上,"吃"的只能是"他的饭",而不是别人的"饭",从这个角度上来说,动词"吃"的后面只是跟了一个名词成分,只是这个名词结构比较复杂一点而已,在此,动词"吃"只发挥了一价动词的作用。

在"吃他一辈子"这个句子中,"一辈子"和"他"同是"吃"的受事者,而"一辈子"的前面有一个"他"字,在这里,"一辈子"和"他"并非修饰与被修饰的关

系,他们属于并列的两个名词,只是这两个名词相互影响,即"一辈子"被限定在"他"的范围之上,"吃"的只能是"他一辈子",而不是别人的"一辈子",属于限定关系,从这个角度上来说,动词"吃"的后面跟了两个名词成分,在此,动词"吃"发挥了二价动词的作用。

(2)"吃＋的"结构的歧义分析。

"吃＋的"结构能不能独立做主语或宾语来指称人或事物,会不会有歧义,有很强的规律性。著名的语法学家朱德熙先生根据这种状况,建立一个有关"动词＋的"的"的"字结构指称的"歧义指数公式",即:$p = n - m$,在这个公式中的"p"代表"动词语＋的"的"的"字结构的歧义指数,"n"代表动词的配价数,"m"代表在动词语里出现的动词的配价成分数目。这样,当"p"为零时,"动词语＋的"结构就不能独立做主语或宾语用来指称人或事物,但没有歧义;当"p"为2或3时,"动词语＋的"结构就能独立做主语或宾语用来指称人或事物,同时这个"动词语＋的"的结构一定会有歧义。

同样,这个公式也可以分析"吃"字结构短语的歧义问题,"吃＋的"形成的"的"字结构能不能做主语或宾语来指称人或事物的问题,以及这种结构会不会产生歧义的问题。

那么为什么"吃＋的"做定语后它所修饰的中心语又有的能省略,有的不能省略呢? 比如前面说过,"吃亏的人"可以说成"吃亏的","吃亏的原因"就不能说成"吃亏的"。这其中又是什么原因呢? 这种情况同样也跟动词的配价有关,也只有用配价理论来解释才容易说清楚。

现在我们把"吃亏的人""吃亏的原因"这类定中偏正结构都记为"动词语＋的＋名词语(中心语)"。那么就很清楚,如果"名词语(中心语)"是"动词语"中动词的一个配价成分,这个作中心语的名词性词语就可以省略不说;如果"名词语(中心语)"不是"动词语"中动词的一个配价成分,这个做中心语的名词性词语就不可以省略不说。比较下面的例子(其中"＝"表示"动词语＋的"修饰的中心语省略与否的两种结构形式的可成立;"≠"表示"动词语＋的"修饰的中心语省略的结构形式不成立):

A.吃亏的人＝吃亏的

B.吃亏的原因≠吃亏的

在上面的例子中,做"吃＋的"修饰的中心语的名词性成分都分别是前面动词语"吃"中动词的配价成分:如 a 例中的"人"是动词"吃"的施事成分,b 例中的"原因"分别是动词"吃"的受事成分,所以这些"的"字结构中被动词语"吃＋的"修饰的中心语在一定的上下文里可以省去不说。而上面 b 例中,做动词语"吃＋的"修饰的名词性成分"原因"不是前面"动词语"中动词"吃"的配价成分,所以这样的名词性成分就在任何上下文里都不能省去不说。

2.吃＋N2(抽象、表处所)

在"吃＋N"结构中,有一种抽象的表达,比如说"吃馆子""吃全聚德"等结构不能用一般的语法方法进行分析,这就涉及便"语义指向"的问题。语义指向不一定只是关于名词的语义指称问题,还专门指一个成分跟另外两个或多个成分中的某一个具有"相关"的关系,即确定某个词语跟结构内出现或可能没在结构内出现的哪个其他词语"相联系"。

在语义指向的概念中存在"句法结构关系"和"语义结构关系"的一致和不一致问题,一致的问题上文已经分析过,下面主要讨论不一致问题:同样是"动宾"关系的"吃面包"是"动作和受事"关系,"吃食堂"却是"动作和处所"关系。

3.吃＋N3(抽象、表他者)

在"吃＋N"结构中有一类更为抽象的表达,完全是他者性的揭示,如占人便宜的"吃豆腐",表嫉妒的"吃醋",下象棋中的"吃卒子",表示生活状态的"吃苦""吃香"等结构非具体的语法知识可以解决,这必须通过"概念隐喻"来解决。隐喻普遍采用的方法是使用意象图式理论,这是因为意象图式是人类在现实世界中通过身体经验(如感知环境、运动身体、发出动力、感受力量等)所形成的。在概念隐喻研究中,研究者将源域投射于目标域,形成概念隐喻,他们关注的是目标域。我们主要采用 Hutchins 的命题结构理论作为分析框架。他认为,一个命题结构就是"一系列命题所建立的模板",可以包含若干个概念隐喻,概念隐喻是两个不同语域之间一对一的映射关系,而在命题结构中由于关注重心的不同,其并不是简单的一一对应关系,而是一个多对一的映射模式。

在人们的认知过程中,经常会利用有关"吃"的隐喻,将源于"吃"中的概念映射到不同的目标域中。因此,形成了很多的有关"吃"的概念:

A:吃是依赖。如:靠山吃山,靠水吃水。

B:吃是获得。如:吃回扣、吃豆腐。

C:吃是遭遇。如:吃官司、吃苦、吃醋、吃香。

D:吃是承受。如:吃力、吃劲、吃重。

E:吃是消灭。如:吃掉敌人一个师、吃卒子。

以上是对隐喻概念理论的分析,"吃+N"的抽象意义得到了很好的解释,同时我们也可以看出,隐喻本身是文化的构成部分,能够在很大程度上反映文化的内容,如信念、态度、行为方式等,它具有文化传承功能,并随社会文化变化产生、发展和消亡。隐喻与文化密切相关,其跨文化研究也有重要意义。

(二)"吃"的语法教学的文化赋能路径探究

通过以上简要的分析,关于"吃"的文化内涵已经初现端倪,为了给学生在中文学习的过程中提供可理解性的文化背景,发挥文化赋能的功能,我们有必要通过情景设置或使用学生母语等手段对相关文化背景进行展现。鉴于中国的特殊国情,即熟人社会,需要在其中进行"吃"的文化阐释。西方文明只注重个体生命的救赎与超越,吃倒退居到次要位置,中国则呈现出截然不同的文化特征,随着黄河流域的农耕文明逐渐形成"熟人社会","吃"以礼的形式凝固下来,并上升到哲学的高度,成为社会生活的主题。

孔子在《礼记》中云:"饮食男女,人之大欲存焉",这个说法得到孟子同时代哲学家告子的回应,《孟子·告子上》中告子倡言"食色,性也",由此可见,在中国"吃"不仅是维持生命的必要手段,也上升为中国文化的重要组成部分,以基石的地位统摄社会领域的方方面面,同样,作为文化表现的方式的语言也不可避免地打上了"吃"的烙印,如何在文化的语境下正确分析"吃"的内涵,并用语法手段对其进行科学的分析为本书要讨论的重点。

1.两种文明观照下"吃"的地位凸显

不同于希腊的海洋文明,黄河流域的农耕文明因其特殊的地理环境,使得"吃"成为社会生活的主题。在人类社会的早期,希腊群岛在浩瀚的地中海上星罗棋布,生活在岛上的人们,由于土地资源有限,他们选择捕鱼、贸易和抢劫为主的生活方式,对生命的观照和对自然的敬畏成了他们生活的主题,与此同时,岛上石缝中有限的泥土只能栽种葡萄,等季候一到,丰收的葡萄酿成葡萄酒,接下来便是迎接酒神狄俄尼索斯的狂欢节。尼采在《悲剧的诞生》对此有精彩的描绘:"人在载歌载舞中,感到自己是更高团体的一员,他陶然忘步,浑然忘言,他行将翩跹起舞,凌空飞去,他的姿态就传出一种魅力。正如现在走兽也能作人语,正如现在大地流出乳液和蜜浆,同样从他的心灵深处发出超自然的声音。他觉得自己是神灵,他陶然神往,飘然踯躅,宛若他在梦中所见独来独往的神物。他已经不是一位艺术家,俨然是一件艺术品;在陶醉的战栗下,一切自然的艺术才能都显现出来,达到太一的最高度狂欢的酣畅。人,这最高尚的尘土,最贵重的白石,就在这一刹那间被捏制,被雕琢。"

与纵欲的醉境相对应的便是禁欲的梦境,是斯巴达式残酷的训练和超强的纪律,集体完全凌驾于个体之上,个人完全服从于集体,他们心中怀抱着对神的敬畏,通过严苛的自我训练,不仅铸就了自己强大的体魄,还造就了一个强大的国家,因此,由以上分析我们可以看出,海洋文明的国家注重的是个体生命的救赎与超越,吃倒退居到了次要位置。不同于海洋文明的生活方式,生活在黄河流域的先民们,先是过着渔猎生活,经历种种痛苦的生命体验之后,猎物越来越难以捕获,生存的不确定性促使了饲养的产生和种植技术的提高,于是人们告别流徙不定的生活方式,渐渐在肥沃的黄河冲积平原上定居,怀着对土地深深的眷恋,进入农耕文明的时代。

在这个时代,生活相对稳定,食物相对充足,吃逐渐成为人们生活的主题,人与神之间的沟通,人与人之间的交流,国与国之间的交往,无论是剑拔弩张的鸿门宴,还是和平共处的秦晋之好,都是以吃的形式在进行,吃由此脱离了它纯粹的维持生命的作用,以礼的形式凝固下来,并上升到哲学的高度,一直延续到今天,成为人们生活的主题。

2.熟人社会中"吃"的文化阐释

不同于西方团体格局的社会结构,中国从本质上来说是一个熟人社会,有着自己独特的差序格局,费孝通在《乡土中国》中阐述道:在团体格局里个人间的联系靠着一个共同的架子;先有了这架子,每个人结上这架子,而互相发生关联。"公民"的观念不能不先有个"国家"。这种结构很可能是从初民民族的"部落"形态中传下来的。部落形态在游牧经济中很显著的是"团体格局"的。

生活相依赖的一群人不能单独地、零散地在山林里求生。在他们，"团体"是生活的前提。可是在一个安居的乡土社会，每个人可以在土地上自食其力地生活时，只在偶然的和临时的非常状态下才感觉到伙伴的需要。在这样的社会中，和别人发生关系是后起和次要的，而且他们在不同的场合下需要不同程度的结合，并不显著的需要一个经常的和广被的团体。因之，他们的社会采取了"差序格局"。

我们如果要了解西洋的"团体格局"社会中的道德体系，决不能离开他们的宗教观念。宗教的虔诚和信赖不但是他们道德观念的来源，而且是支持其行为规范的力量，是团体的象征。在象征着团体的神的观念下，有着两个重要的派生观念：一是每个个人在神前的平等，一是神对每个个人的公道。反观中国的社会结构，个人以己为中心，正如一粒石子投向湖心激起的涟漪，依靠着地缘和亲缘关系一轮一轮地扩大开去，众多的涟漪相互交错、影响，中心明确而边界模糊，而"吃"恰恰维护着熟人社会的常态，把一些新的东西纳入这个规则之中，并使之运转。

在饮食方面，我们常用"生"和"熟"来表示食物是否加热到可以食用的程度。"生"的食物被认为是不好吃或不能吃的，而熟的食物则具有截然相反的内涵。长期的饮食实践使人们认识到熟食、热食不仅不会对肠胃造成不良刺激，相反还有益于食物的消化和人体的健康。或许我们的思维里也是这样界定"生人"和"熟人"的吧，作为评价饮食对象火候的词语被用来隐喻人或事物与自己关系的过程，说一个人"面生"犹如接触得"欠火候"。俗话说，"熟人好办事"，而生人呢，咱们"不吃那一套"，不过，可以"一回生，二回熟嘛"！

3.关于"吃"的几种意义分析

（1）"吃"是礼乐的前提。

《管子》中关于"吃"描述道："仓廪实而知礼节，衣食足而知荣辱。"充实的仓廪和丰足的衣食构成了礼节和荣辱的前提，形而下的吃决定着形而上的礼乐，按照经典马克思主义的观点就是，物质决定意识，经济基础决定上层建筑，肚皮改变着脑袋，只有肚皮吃饱并且府库有余，才会着意于礼乐。

（2）"吃"是生活态度的表现。

孔子在《论语》中谈道："食不厌精，脍不厌细。"或许有人认为孔子是个挑剔的美食家，食物要求尽量精致，肉酱要越碎越好，着眼于细节，窥一斑而知全豹，如果能认真审慎地对待生活中最基本的内容"吃"，并尽量做到精致、完美，那么对于生活中除此之外的其他事情也一样会以精审的态度对待，从而把事情做得尽善尽美。

（3）"吃"是仪式化的表现。

正如基督教的洗礼，或者是我们司空见惯的升旗仪式，"吃"在很大程度上变成一种仪式。在庄严的教堂，伴随着手风琴的音乐，缭绕着深邃的诵经声；或者在周一早上的升旗仪式中，雄浑的国歌声中，仰望五星红旗冉冉升起，我们的灵魂一刹那间得到升华，这就是仪式的力量，"吃"或许没有承担如此沉重的生命体验，但它已经褪去了内容，仅保留了维持社会关系平衡的形式，这时，大到国家领导的会餐，"吃"已经完全变成了一种政治形式；小到逢年过节的家庭聚餐，"吃"则成了团圆幸福的象征。

通过对"吃"的文化意义的阐释和语法结构的探讨，我们可以看出"吃"是中国文化最重要的组成部分，一个"吃"字统摄社会关系结构，并维持其正常运转。对其语法意义的分析使我们得出科学的分析结论，并对"吃＋N"的语法结构有一个清晰的认识，这对于推动语法问题的研究及高质量课堂教学有着重要意义。

（三）基于交际思维的高质量课堂教学场域营造

1.交际功能为导向的课堂教学设计

文化的不同，本质上是思维方式的不同，而交流在同一功能的指向下，由于思维方式的不同造成了表现形式的不同。跨越文化鸿沟，保证交流的有效性，则有赖于对不同民族交际思维的深层认知。达尔文在《物种起源》中论述道：在莽莽苍苍的大森林中，经历厮杀、瘟疫、洪水泛滥和季候轮换，最后能生存下来的，不是那些高大威猛、孔武有力的生物，而是那些能对环境变化迅速做出反应的物种。这种丛林法则反映在个体上，就是面对复杂多变的环境，能迅速做出反应，并使自身与之相适应的能力；而反映在群体上，就是搜集信息并传递信息的能力,以确保整个种族得以延续,这些都直接指向了交流的首要功能:减灭生存的不确定性。

毫无疑问,人类是这次生存竞赛的胜出者,其秘密武器也就是交流,人类生活的是一个不确定的熵的世界,正是其不断地搜集信息、整理信息、传播信息,并以各种方式进行着持续不断、持久深入的交流,人类才使其生存的熵的世界变为负熵的世界,种族和文明才得以延续。在英语中,"社区"(community)和"传播"(communication)有着共同的词根,这是可以理解的。随着时间的推移和研究的不断深入,交流的功能也变得多元,彼得斯在《交流的无奈》一书中将交流的功能归结为以下五点:(1)交流是公共舆论的管理;(2)交流是语义之雾的消弭;(3)交流是自我城堡中徒劳的突围;(4)交流是他者性的揭示;(5)交流是行动的协调。通过现在的各种媒体,交流变得复杂多样,交流的功能及其重要性已是不容置疑,接下来的问题是如何保证交流的有效性。不同的民族之间,如何跨越文化鸿沟,有效地进行交流,以增进他们彼此了解,协调他们的行动,共同应对人类生存所面临的问题,这时我们不得不把文化的因素纳入考虑的范围。文化的不同,从本质上而言是思维方式的不同。

2.国际中文课堂教学场域营造

勒温在《群体动力学原理》中这样论述道:在交际中,每个人都处在一个"场"中,这种"场"被一种无形的力量所支配,并最终指向其确指的位置,正如在一块磁铁的磁场中,每个人都是磁场内的小磁针,感受着磁场的力量。

这点正如人类学中的仪式,仪式把人们集合起来,在一个固定的场所,有着固定的过程,并通过固定的程序向在"场"的人员灌输某种思维,在强大的"场"作用力下,使人们产生一种认同感。升旗仪式、课堂、会议都是仪式的表现形式,通过仪式的力量,让在"场"的人们达于认同,保证了交流的效果和方向,当然,这种指向有可能是真理,也有可能是谬误,如果结果不在考虑之列,那么,这种"场"的力量保证了交流的有效性。

在大众媒介没有诞生之前,最主要的交流方式有两种:对话和撒播。前者以苏格拉底和孔子为代表,在不断的启示、追问、鞭挞与问责中发现真理,或者是大师棒喝之下的醍醐灌顶,豁然顿悟。长时间以来,这被尊为最有效的交流方式。而孔子与弟子们的交流则多了几许温情,一部《论语》全是对话,孔子的弟子很好地领悟到其箴言,并以原生态的形式将这种对话保存了下来。如果说对话是一对一的交流,那么撒播则是一对多的交流,正如孔子对三千弟子的训诫,就如向空中播撒种子,如果落在肥沃的土壤里,便会结出三十倍或者六十倍的果实,如果落在瓦砾堆里,只有干枯、死亡,这种交流方式只问耕耘,不问收获,茫然等待心有灵犀之人,并结出丰硕的果实。

随着印刷术、电视和网络等大众媒体的相继发明,信息得以成批量、高保真地复制,人们也正经历着眼见为实的历史,然而,撒播这种古老的传播形式却从来没有改变,只是中间多了一道门槛:媒介。借助媒介,大量的信息被撒向大街小巷,人们注意到这种反馈缺位的交流,最终会导致交际的失败。香农-韦弗在其传播模式中提出一个新的概念:冗余,即在交流的过程中,由于客观环境的嘈杂或是文化环境的制约,信源发出的信息无法有效到达信宿,必须以冗余加以补偿,方能保障有效传播。例如,一架收音机在广播信息,可能遇到闪电、太阳黑子或者地球磁场的干扰,收听者接收的信号断断续续,这种情况下,电台可能会提高发射频率,或者增加发射次数来补偿损失,是为冗余。因此在设计教学的过程中需要不断重复,甚至是回环往复地制造可理解性输入和输出。

就国际中文课堂教学而论,通往高质量的道路千回百转,在设计教学的过程中要充分注意跨文化交际中思维模式问题,借助中介物的交际方式、言约旨远的文化范式以及对交际纯粹性的执着追求,有助于我们更好地与教学对象进行有效交流,避开交际失败的浅滩与暗礁,顺利抵达高质量教学的彼岸。

第四章 印尼国际中文人才高质量培养模式构建

第一节 "一带一路"对接"全球海洋支点"

印尼作为"一带一路"最具有代表性的国家,也同中国一样属于发展中国家,更为重要的是,印尼是东盟的首脑国家,其所提出的"海洋支点"战略正契合"一带一路"建设愿景,并且印尼有意愿与中国共建"一带一路"。不但如此,印尼拥有 2.6 亿人口,文化丰富,与中国的经贸往来在"一带一路"国家中名列第八,其基础设施正需要中国进行大规模的投资建设,对国际中文人才有着巨大的需求。因此,选择印尼作为"一带一路"国际中文人才高质量培养研究的对象是比较有代表性意义的。

本章首先阐述"一带一路"倡议下印尼国际中文人才培养的政治环境及语言政策和教育现状等,再通过梳理中国和印尼经贸投资大数据分析出印尼国际中文人才的需求分布和需求特征;然后通过对企业进行访谈调查出"一带一路"人才的真实需求类型,对学习者进行问卷调查,分析出学习者的特征,完成人才培养模式的要素分析;最后根据这些要素特征构建出印尼"一带一路"国际中文人才培养模式,窥一斑而知全豹,从中可以投射出"一带一路"国际中文人才国别化培养模式的全貌。

中国与印尼于很早就开始交往,郑和下西洋途径爪哇海峡,即今天的印尼领土,留下了很多两国交往的事迹,是两国文化往来的历史见证。进入现代以来,中国和印尼关系一波三折,从整体趋势上来看,两国关系已经走出民族主义的阴影,关系越来越紧密。2018 年 8 月,习近平主席特使、国务院副总理孙春兰应邀出席第 18 届亚运会开幕式并会见印尼总统佐科。2018 年 9 月,全国政协副主席李斌访问印尼并会见印尼国会领导人。2018 年 4 月和 10 月,印尼总统特使、海洋统筹部部长卢胡特两次访问中国,国务委员兼外交部长王毅会见。2018 年 11 月到 2019 年 4 月期间,外交部副部长孔铉佑五次会见来访的印尼高级外交官代表团。2019 年 4 月,印尼副总统卡拉出席第二届"一带一路"国际合作高峰论坛,中国国家主席习近平会见。

总而言之,全球经济合作背景之下,中国和印尼的政治关系趋于常态化,经贸投资往来日渐密切,"一带一路"建设虽然遭遇一些波折,但是总体向前。从长远看,中国和印尼有着广阔的发展前景,人才需求缺口越来越大,培养适合"一带一路"建设的国际中文人才是当前极为迫切的任务,因为两国长远的经济发展在于此,"一带一路"建设的成败也在于此。

作为东盟大国和 20 国集团重要成员国的印尼,也是发展中国家中的中等强国,在世界经济发展区域化和全球化的今天,贸易保护主义逐渐抬头,全球治理赤字逐渐加深,很多类似印尼这样的发展中国家逐渐失去自己在全球事务中的发言权,鉴于此,以印尼为主导的东南亚国家组成国家联盟,从松散的国家间组织逐渐发展成为命运共同体,这些国家以其重要的地理位置发挥地缘政治的优势,确立了其在全球事务中的话语权。新时期中国和印尼的政治经济合作和文化交流是在这样的背景之下开展的,因此,两国之间的贸易投资合作都是在充分考量自己的利益基础上进行的,双方的合作也真正体现了"一带一路"倡议中"共商、共建、共享、共赢"的宗旨。

建设"21 世纪海上丝绸之路"倡议是习近平 2013 年访问印尼时首次提出的,出于自身发展考虑,同时作为对"一带一路"倡议的回应,佐科·维多多作为印尼总统新上任不久便提出"全球海洋支点"战略,战略基本内容分为五大支点:复兴海洋文化、保护和经营海洋资源、发展海上交通基础设施、进行海上外交、提升海上防御能力等,这使"一带一路"倡议与印尼在经贸与投资方面合作潜力巨大。[①]

与此同时,印尼对"一带一路"倡议的负面认知是植根于历史的现实存在

---

① 吴崇伯,张媛."一带一路"对接"全球海洋支点":新时代中国与印度尼西亚合作进展及前景透视[J].厦门大学学报(哲学社会科学版),2019(5).

的,负面认知在佐科政府的政策体现是对我国政策的模糊性,中国和印尼合作共建"一带一路"面临的持久难题是如何超越精神文化层面的负面认知问题。[①] 这一现象也反映了印尼精英阶层在战略合作与战略防范间徘徊,这是他们对"一带一路"倡议的认知悖论,印尼在战略合作意志上的高度脆弱性,使他们对于中国和印尼贸易的相对收益有误判,最后的结果是他们采取精神内核并不统一的策略:与中国合作时保持积极的战略与谨慎的战术,这也造成了日后中国与印尼合作过程中的曲折和障碍。

其实,印尼的发展道路有其内在的逻辑一致性,早在苏西洛时期印尼就顺应美国等国家提出的"印太"概念并加以改造,成为具有印尼特色的"印太"战略,主要包括重建国家间信任、维护地区和平、避免冲突和战争以及实现该地区可持续经济增长与发展两方面内容。2014 年佐科政府上台后,重新重视"印太"并推出了具有印尼特色的"印太愿景",这是印尼基于国家利益考虑、区域合作现实以及国际战略重心转移大背景等因素综合考量的结果。当前,佐科政府主要以维护东盟中心地位为根本支撑,以环印度洋区域合作联盟为重要抓手,通过加强与美日印澳等大国的接触来推进实施其"印太愿景"。[②] 印尼的"全球海洋支点"战略也是印尼"印太愿景"的延续和外在表现。

因此,在这一背景下,中国"一带一路"的推进必须清晰地认识到这一问题,在重视双方合作机遇的同时,更应认识和仔细研判其所面临的挑战。印尼是中国"一带一路"建设的重点国家,中国则是佐科政府推动经济改革发展议程的重要外部国家,这一现实构成了中国和印尼两国战略对接的重要基础。当前中国给予佐科政府高度的重视,然而从其执政实践来看,佐科政府仍面临着相对严峻的国内政治环境。佐科推动的经济改革进程面临着传统寡头政治、反对党控制的国会、地方自治导致的政令不畅等结构性难题,[③]从承诺和设想到真正执行还需要相当长的时间和复杂的过程,需要认真面对和考量。

---

① 王勇辉.印尼对"一带一路"倡议的负面认知与我国的应对[J].国际论坛,2018(4).

② 韦红,李颖.印尼的"印太"构想:特征、动因、影响及中国应对[J].印度洋经济体研究,2019(4).

③ 周玉渊.佐科时期"一带一路"在印尼推进面临的挑战与对策分析[J].太平洋学报,2016(10).

虽然现实的政治环境如此，但毕竟印尼"全球海洋支点"战略与中国"一带一路"倡议有着高度的契合性，该战略为深化中印尼双边关系、拓展经贸合作注入了新动力、提供了新平台。随着印尼经济体量的不断增长，中印尼的经贸合作也不断提速，给人才培养带来了巨大的机遇，在此背景之下的"一带一路"印尼国际中文人才培养必须注重"顶层设计"工作，包括两国政府、"一带一路"相关企业等组成人才培养的主体，必须在达成充分理解的基础上共同推进，时刻保持戒慎之心，这样才能取得成效。

第二节　印尼国际中文人才社会需求分析

在经济贸易方面，最近几年，印尼与中国的进出口贸易额逐年攀升，双方进出口的商品类型差别较大。印尼虽然是主导东盟的大国，但是其仍是发展中国家，各种工业产品产能不足，本土工业基础薄弱，所需的工业粗加工材料及产品都需要从国外进口，尤其是从中国进口，其中电子产品、机械、铁和钢铁、纺织品、化工产品、卫生器材、汽车零备件和家具是其主要的进口产品类型。印尼拥有丰富的自然资源，这些资源可以向中国工厂提供动力和关键的原材料。印尼还是东南亚最大的经济体，并且已成为中国产品的最主要客户之一。

与工业相关的进口产品方面，中国从印尼进口量最大的棕榈油，其次是煤炭等能源材料。与农林牧副渔业相关的进口产品方面，由于印尼是由一万多个大大小小的岛屿构成，虽然陆路交通不便，但是这里的渔业和种植业非常发达，盛产各种热带水果、鱼类、木材、咖啡、燕窝等等，这些产品深得中国人的喜爱。

因此，在经贸方面而言，"一带一路"倡议下印尼的需求特征十分明显，首先是精通中文的经贸人才。从对这些经销商的实地调查发现，除了国家层面上大型的采购之外，民营企业为代表的贸易公司，或者从事中国—印尼贸易事务的人员当中大部分是印尼的华人华侨，或者是在中国留过学的留学生。无论是华人华侨的先天语言优势，抑或是印尼来华留学生后天获取的语言优势，是中文架起了他们与中国贸易中沟通的桥梁。与此形成鲜明对比的是印尼的本土企业进出口业务大都瞄向欧美或者日韩，给这种传统贸易结构带来改变并带来巨大机遇的是语言，尤其是中文。其次是熟悉相关贸易规则、法律制度和行业特点的专业型人才。

"一带一路"倡议下中国对印尼的投资方面，政策上印尼大力支持中国"一带一路"倡议，希望其与印尼提出的"全球海洋支点"战略相对接，但实际上还有很长的路要走。目前中方的经济投资步入实质性建设阶段的合作内容主要集中在矿业、产业园区、能源、交通、制造业、房地产和数字经济等方面。在基建融资方面，印尼也对外国金融机构持开放态度，其中包括中国扮演重要角色的金砖银行、亚洲基础设施投资银行等。除了"互连互通"战略外，新战略还包括能源安全与粮食安全两大重点。

印尼的镍矿等资源丰富，但是印尼法律严格禁止出口矿物原材料，因此在印尼合作建厂进行产品粗加工就成了很多中国企业的选择；印尼拥有 2.6 亿多人口，据估算有超过 4 万亿的巨大市场空间，由于数字经济受到客观条件约束比较少，所以很多中国相关科技企业如腾讯、阿里巴巴、小米、OPPO、VIVO等企业率先出海，不但节约了很多资源，也带动了大批印尼企业的发展，造成了人才需求旺盛的局面。国家层面的雅加达—万隆高铁项目、青山工业园区以及各种水电站和港口的建设更是大手笔，随着这些项目的推进，"一带一路"背景下相关企业对人才的需求将一直会持续增加，这就为"一带一路"倡议下的人才培养提供了客观的物质基础和时间准备。

为了了解具体的中文相关人才需求状况，我们电话采访了雅加达和万隆23 家有代表性的公司，并委托总部在雅加达的两家全国性人力资源公司分别对分布在印尼雅加达、泗水、棉兰、万隆、望加锡、巨港等地的"一带一路"相关企业进行调查，对主要调查内容及结果进行整理如下：

（1）企业人才需求的方向和职位描述方面，他们认为需要马上能执证上岗的技术性人才，主要围绕在金融、会计、业务代表、技术开发等领域。

（2）对所需国际中文人才的素质要求方面，他们认为除业务能力和专业素质外，必须熟悉中国文化、与中国人沟通的方法和技巧，可以胜任派驻到中国参加技术培训、开展业务的工作，掌握最新行业发展动态，理解中文并迅速掌握中文表述的科技成果。

（3）目前中文人才招聘形式方面，他们在领英等招聘网站都有招聘信息，但是回应很少，通过网络参加应聘的人才很多都不合格，大部分的中文人才招聘是通过公司员工及熟人介绍的，或者委托给专门的猎头公司完成。

（4）和本土人才培养机构对接情况及效果方面，因为很多公司的领导其本身都是很多学校的董事局成员，他们优先考虑其所在学校的人才培养及聘用问题，但大部分都是社团之间的合作关系，很少正式签订人才培养及输送的合作协议。

（5）目前招聘到的人才在质量和数量上是否切合所需方面，他们认为到目前为止其所招聘到的人才质量还需要进一步提升，从学校直接招聘或介绍过来的毕业生很多中文表达就不过关，公司根据发展需要对其进行专门的培训，或者派到中国参加技术和语言培训，公司对这些人才进行"回炉"后才可以胜任工作，目前学校的人才培养与企业的需求还存在错位现象。

（6）今后五年之内的发展规划及用人要求方面，这些"一带一路"企业给中文相关的复合型人才提供了非常好的职业发展前景：第一是经过学历教育的高端人才，他们一进入公司就会被委以重要职位；第二是负责与中国的接洽交流或者相关技术及管理等事务，这两种职位晋升发展都很快，属于公司的高级岗位；第三是公司所需大量的基础建设性技术人才，因为技术含量不高，不需要对语言和技术达到精通的程度，通过短期的培训便可以上岗，但是必须做到熟悉与中国合作的相关技术、能用中文进行基本的沟通交流，在今后的工作中渐渐磨砺成熟。

通过对"一带一路"倡议下印尼人才需求的大数据分析、实地调查和特征提取，我们发现印尼所需求的人才特征首先表现为能熟练使用中文；其次，熟悉国际贸易规则及相关法律制度等；再次，能在跨文化的环境下成功开展工作；最后也是最重要的，就是要具备满足"一带一路"在印尼建设所需的基建、交通、能源、数字科技、网络技术等专业技术，总结起来就是"一带一路"印尼国际中文人才。这些人才从行业分布来说主要集中在基础设施建设和经贸领域；人才层次需求分布方面需要大量职业技术人才；从地域分布上来看，大部分都集中在印尼的大城市，其他地区因为工业基础薄弱而涉及较少。

第三节　印尼国际中文人才培养要素分析

本节着重探讨基于在地化视野下印尼国际中文传播特征及"一带一路"印尼国际中文人才培养要素,通过对印尼特殊的国情、地情和民情特征分析,着重论述在地化教学的必要性和可行性。首先对"一带一路"印尼国际中文人才培养工作进行重新定位,厘清印尼的历史传统并把握切入契机,切近印尼华语断层又枯木逢春的实际情况,对教学对象进行重新定位。接着对印尼民族文化和历史传统的在地化特征进行详细描绘,同时对印尼政府颁布的外语教学要求进行解读,从宏观上定位"一带一路"印尼国际中文人才培养工作的切入点。最后针对印尼在地化"一带一路"国际中文人才培养的特征,分别从教师、教材、教法的角度探讨适合印尼本地特征的中文人才培养问题解决方案。

一、培养理念

印尼有三百多个民族,散居在大大小小一万多个岛屿上,这些民族之中爪哇族居多,大约占45%,其余有巽达族、马来族等等,每个民族的文化和习惯都不相同,要把他们团结起来就必须要有包容精神,并提取统一的理念。建国之初,其独立运动的领袖苏加诺采用"一个共同体,同一种人,拥有同一种习俗,同样的生活方式,因此有必要团结起来,为人民的共同利益而斗争"的说法,1945年5月,在印尼独立准备调查会上,苏加诺提出了建国五项基本原则的演说。

五项基本原则提出印尼的立国原则是民族主义、人道主义、社会正义、民主及神道。从这里我们可以清楚地看到苏加诺等人提取了世世代代散居在一万多个岛屿上的三百多个民族所持传统理念的最大公约数:平等和博爱。在制度的实施上,苏加诺等人一开始就倡导非暴力不合作运动,所以民主制度的设立也摒弃了西方的议会制,提倡温和的协商民主,从根本上消除了多数人的暴政。

真正把各民族团结起来的是神道,印尼大多数民族信仰同一种宗教伊斯兰教,不过印尼信仰的是伊斯兰教是比较温和的逊尼派,印尼问题研究专家西德尔认为印尼伊斯兰教没有单一的权威存在,本身呈碎片化,主流的伊斯兰势力并无建立伊斯兰教国的政治目标,所以他们很快与印尼世俗的民主政治相容,形成较为稳定和开放包容的政治格局。

二、培养目标

"一带一路"国际中文人才培养模式最核心的是学习者系统,也就是培养对象系统,它是人才培养三个大系统中最小但是最中心的系统。

随着"一带一路"建设工作的推进,为其提供支撑的中文人才的内涵发生了转变,分布在沿线各国的中文学习者的角色和学习行为特征也发生着悄然的转变,如何更有针对性和更加有效地培养国际中文人才是目前亟待解决的重要命题。本书从"一带一路"倡议下印尼中文学习者特征分析为出发点,首先详细探讨中文学习者情感、认知、策略等学习行为的内涵及其相互影响的复杂动态特征,接下来以学习行为内涵要素为基础分析"一带一路"中文学习者的国别化学习行为特征,最后在学习者国别化学习行为的基础上提出国际中文人才培养计划:(1)通过翔实的调查和分析描绘出学生国别化学习行为的全息图景;(2)明确"一带一路"倡议下学习主体的动机引导;(3)确立以交际能力为目标的人才培养方案;(4)开展以认知能力为本位的中文教学策略。本研究通过对沿线各国中文学习者学习行为要素国别化特征分析,提出相应的解决方案,希望对更具针对性和更加有效的国际中文人才培养问题有一定的借鉴作用,最终服务于"一带一路"建设大计。

(一)学习者新特点

如果把"一带一路"国际中文人才培养视为一个完整传播过程的话,那么近年来学者研究的对象主要集中在以下几个方面:(1)作为宏观传播主体的孔子学院和微观传播主体的教师及相关国家政策例如"一带一路"等方面;(2)作为传播受众的学习者的学习特征如动机、认知、策略以及国际化特征方面;(3)

作为传播内容的中文和中华文化方面;(4)作为传播渠道的教材、教法、网络、语料库建设、大数据挖掘方面;(5)作为反馈的教学效果实地调查和分析方面。另外,近些年来普遍采用跨学科研究方法,从语言学、文学、教育学、传播学、心理学、人类学、计算机科学等领域对"一带一路"国际中文人才培养的多学科审视。

从"一带一路"国际中文人才培养的传播过程来看,中文学习者属于受众的范畴,目前遍布于世界各地的中文学习者难以计数,从类型上来看基本上可以做如下区分:

(1)身份背景。不同的身份背景的中文学习者有着截然不同的学习动机和职业期许,华人华侨分布密度比较大的东南亚地区,其中文学者的主要学习动机在于传承华语和华族文化,以保持自己的身份特征和文化归属;非华人华侨学习中文的动机主要在于职业发展的需要,他们希望在中国"一带一路"的建设中分享发展的红利。

(2)语言环境。置身于中文作为目的语的语言环境的学习者多以留学生教育为主,他们分布在中国各个大学,基本上属于高等教育的范畴;而在本地通过孔子学院或各种机构进行中文学习的行为属于在地化学习,这个群体更为庞大,涉及的范围更广。

(3)学习形式。这包括学历教育和非学历教育,在来华的留学生和在本地教育机构的在地化学习者都包含在内,学历教育历时较长,学习也更为系统深入;非学历教育主要是与其他技术结合,形成"中文+技术"的格局,教学效果和教学内容良莠不齐,随着"一带一路"工作的开展,在满足"一带一路"建设所需的专业技术之外,中文教育的形式和内容都将会发生改变,中文教育将更具针对性、效果更好,与此同时,资质认证和学历也将纳入考量范围。

在"一带一路"建设背景下,作为受众的中文学习者的角色也正发生着悄然的转变,以中文作为目的语环境的来华留学生严格遵循中文教育的传播模式,作为受众进行接受和学习;而"一带一路"沿线国家的在地中文学习者,从微观的教学过程来看其受众角色没有发生多大变化,但是中文传播者的主体已经转化为"一带一路"国际中文人才培养的引导者、支持者和服务者。归根结底,"一带一路"国际中文人才培养立足于"一带一路"沿线国家的需要,中国只是满足其发展需要,还有使"一带一路"国际中文人才培养具有不断增强的"需求驱动"。与此同时,中文学习者的身份和角色在宏观角度上也发生了根本的转变,实际上,先前作为受众的中文学习者变成了"一带一路"国际中文人才培养的真正推动者,他们是真正的"施事"或"与事"而非"受事"。①

随着"一带一路"的不断铺展,"一带一路"国际中文人才培养的重心逐渐深入到沿线国家,国际中文人才的在地化或国别化培养将成为主流,首先,作为"一带一路"国际中文人才培养受众的学习者的群体背景成为研究的重点。群体背景可分两个方面:一是包含了性别、年龄、籍贯、民族、职业、学历等人口统计学意义的群体;二是包含了家庭、单位、团体、政治、经济、文化归属及宗教信仰等社会关系意义的群体。② 母语背景、民族性格对学习者学习效果影响显著,群体背景体现的是某一群体的共性,群体的共性会影响群体成员的中文学习,要关注学习者的群体背景,促进群体传播。③ 其次,作为"一带一路"国际中文人才培养受众的学习者的个体背景值得仔细关注。学习者的学习动机、学习兴趣、感情意志、性格特点、年龄特征等个体差异性非常重要,④直接影响学习效果和国际中文人才培养质量。"一带一路"中文人才培养的培养观念、培养内容、培养方式、教学管理、资源开发等等都必须以学习者的群体性特征以及个体化差异作为出发点和归宿点,也就是说"一带一路"倡议下的国际中文人才培养必须以中文学习者的国别化、地域化学习行为特点为基础进行。

(二)学习主体的动机引导

明确了"一带一路"沿线国家中文学习者的学习行为之后,就可以清晰地描绘出学生为什么学习中文,也就是说为什么在诸多语言中选择中文作为第

① 李宇明,施春宏."一带一路"国际中文人才培养"当地化"的若干思考[J].中国语文,2017(2).

② 郭庆光.传播学教程[M].北京:中国人民大学出版社,1999:174.

③ 张晓曼,谢叔咏.传播学视域下"一带一路"国际中文人才培养受众分析[J].山东大学学报(哲学社会科学版),2016(2).

④ 郑通涛.国际教育背景下的语言跨学科研究[M].广州:世界图书出版社,2017:380.

二外语进行学习。学习中文的动机或许是本能的驱使,例如在中文和中华文化国际传播的背景下对东方文化的兴趣,或许是挑战自己的认知能力等,更有可能是一种理性的选择。

从根本动机上来说,无论是基于个体职业发展的需要还是基于国家战略的考量,"一带一路"国际中文人才培养是建立在"一带一路"沿线各国自身需要的基础之上的,"一带一路"国际中文人才培养不仅要满足国家和个人发展的内在需要,还要在"一带一路"倡议下通过需求驱动学习者选择中文、学习中文和使用中文的动机。

三、培养方式

(一)宏观层面的国别化、在地化培养

"一带一路"中文学习者的国别化学习行为分析是建立在详尽的调查基础之上的。目前"一带一路"建设正处于巩固发展的时期,"一带一路"国际中文人才培养共同体建设正处于发轫阶段,中文作为最有前途和最有潜力的语言得到国际社会的广泛关注,孔子学院建设等国家层面的建设研究取得了实质上的丰厚成果,但是中文在沿线国家发展的状况并不均衡,比如中文在泰国已经发展得较为完善,但是在某些国家尚未建立起专业的语言课程,存在缺乏非国际通用语专业布点设计、培养模式科学性不强、人才远远不足等问题。①

针对这种状况,需要对沿线国家的"一带一路"国际中文人才培养情况进行广泛而又深入的系统性调查,首先从宏观的层面调查沿线国家的政治、经济、外交等状况对国际中文人才培养的影响;其次是分析沿线国家的语言政策、中文专业的分布和发展状况;最后也是最重要和最缺乏的是对沿线国家的学习者的学习行为进行全方位的调查,包括学习动机、个体认知、学习策略等等,学者在这些方面已经进行了深入的探讨,并且编制了科学的量表,需要根据实际情况对这些量表进行完善和整合,通过深入的调查绘制出"一带一路"沿线国家中文学习者学习行为特征的全息图景。

---

① 文秋芳."一带一路"语言人才培养[J].语言战略研究,2016(2).

在翔实的调查数据的基础上,就可以进行学习者学习行为分析了,根据 Philip J. Goldstein 五阶段学习分析法,①即数据抽取、技术性能分析、假设决策支持、预测建模和自动反应机制建立等,对中文学习者进行预示性学习行为分析,在"一带一路"倡议下,学习者将会有怎样的学习行为、这样的趋势怎样持续、后续可能的发展情况等等,然后根据这些采取有针对性的中文教学策略。②

李如龙先生在其《汉语特征与国别化研究》一文中采用在地化的概念,并用国情、民情、地情等"三情"来概括"一带一路"国际中文人才培养在地化的标准。如果以"三情"的标准来考量印尼"一带一路"国际中文人才培养在地化情况的话,国情是基础,两国政治政策都有许多接轨的空间,两国都倡导文化多元共生;民情方面,印尼的宗教信仰和民族情绪并不为国人普遍知晓;至于地情的因素,就笔者目前了解到的情况,对印尼生源的民族成分、宗教信仰、文化背景、移民往来、经济业务进行系统调查的研究尚付之阙如。目前印尼的"一带一路"国际中文人才培养工作依然停留在师资、教材、资金都匮乏的阶段,这是在地化教学不完善、缺乏系统科学的规划所致,虽然还有很多周密的调查研究和精心的设计工作要做,但在地化确是印尼"一带一路"国际中文人才培养工作的当务之急。

(二)微观层面的教学方式

1.仪式化为导向的新型教法

由于浓厚的宗教气氛,宗教文化渗入印尼人民生活的各个角落,人们的生活、文化、工作等等无不带有鲜明的仪式化色彩,且不论一生至少一次的麦加朝圣,每天五次的定时祈祷便是他们生活中的头等大事,每当天空中飘扬起祈祷召唤声,人们便放下手中的工作到清真寺虔诚地祈祷,在这些仪式之中净化

---

① Goldstein P J. Academic Analytics: The Uses of Management Information and Technology in Higher Education. EDUCAUSE Center for Applied Research,[EB/OL]. http:// net. Educause.edu/ir/library/ pdf/ekf/ekf0508. pdf.

② 郑通涛、曾小燕.大数据时代的汉语国别化教材开发——兼论教材实时修订功能[J].海外华文教育,2016(3).

身心。当地大部分老辈华人信仰佛教,重在身心的历练,仪式感不如其他宗教强。

爪哇人喜欢表演,无论是闻名世界的爪哇皮影戏、竹筒音乐表演,抑或是面具舞,其故事大多都来自印度史诗《罗摩衍那》,就连生活中的吃饭、考试、接待都充满着仪式感。笔者在组织学生考试之前,经常会有学生说:"老师,请允许我先祈祷一下。"打招呼也有吻手、贴面、额头触碰对方的手等不同方式,表达不同的感情。

通过详细论述印尼民众的仪式化生活,我们发现仪式渗透到他们生活中的各个角落,他们对此最为熟悉也最容易接受。刘珣《国际中文教学引论》中列举了"直接法""翻译法""听说法""视听法""全身反应法""支架法""元认知法""任务型教学法""体演法"等诸多教学方法,这些都是在特定的历史阶段、针对特殊人群总结出来的规律,完善了"一带一路"国际中文人才培养的方法论,但是若从在地化的视角观之则需要进一步完善。

笔者在担任印尼万隆国际外语学院中文系主任期间曾经对学生的学习方法进行过详细的调查,结果笔者吃惊地发现,学习成绩最好的同学竟然都是遵照仪式化学习的,他们把中文课本当作记诵的教义,坐汽车或者开摩托车的时候默默记诵,悉心聆听中国教师或者多媒体影像,非常注重语言资料的输入和内化,结果成绩一路上升,成为最优秀的学生。

从这个角度而言,目前流行的对话体教材对于印尼的主干课程而言或许没那么必要,他们需要的是浓缩语言文化精华的短小精悍的篇章,这样可以含英咀华反复吟诵并内化到自身的知识体系之中,对话可以放在专门的口语课或者放到讨论的环节讲。

仪式的表现不单单是对教义的记诵,人类学家认为:"仪式就像一场令人心旷神怡的游戏,在仪式里面,世界是活生生的,同时世界又是想象的,然而,它展演的却是同一个世界。"仪式实质上展现的就是一个"阈限"和"通过"的过程,在这两者之间,一切都没有定型。通过象征意义的仪式过程,通过原有的阈限,达到认识的彼岸,这个过程对仪式无比熟悉的印尼学生而言是理所当然的事情,因此,"一带一路"国际中文人才培养教学法也应该顺应仪式的要求,以达到最佳教学效果。

2.广泛运用新媒体的伴随性学习

对信息的渴求几乎是人类的天性,信息本质上是一种负熵,它减灭人类生存的不确定性,进而发挥着环境监督、社会整合、文化传承和娱乐的功能。随着媒体技术的飞速发展,信息也由原来的稀缺变成了过剩,但这些并不影响人们猎奇与传播消息的热情。

早在功能手机的时代,发送信息是要收费的,黑莓手机因为有免费的聊天软件 BBM,一时在印尼大为风行,因为传播信息的成本大大降低,随着智能手机时代的到来,WhatsApp、line、WeChat 等软件流行,黑莓才逐渐退出市场。

印尼是没有经过 PC 时代而直接过渡到移动终端时代的国家,智能手机的广泛应用为信息的传播提供非常便利的条件,正顺应了印尼人热衷传播信息的真实诉求。印尼国际中文教学如果做好以下三点,将会大大提高教学效果。

(1)以新奇的形式包装教学内容。印尼的学生非常热衷尝试新鲜事物,新形式的教学内容无疑会吸引他们的注意力,他们对新事物的天然兴趣是开展国际中文教学非常有利的先决条件。

(2)不断制造新鲜话题。"一带一路"国际中文人才培养不但需要新奇的形式和便利、低成本的传播方式,更需要持续不断地引爆新鲜话题,让他们主动地分享、传播和讨论,提高碎片化时间的利用率。

(3)对碎片化知识的系统规划。单单有传播信息、分享新闻的条件还不行,要把教学内容进行合理地规划,表面上看起来碎片化、离散化,事实上是一个有机的科学系统,假以时日,学生可以在自然而然的状态之下系统化习得中文知识。

四、培养内容

（一）国际中文教材的出版情况

对于国际中文教材而言,印尼遭遇了前所未有的尴尬:一方面是国内教材的极大丰富,据统计每个月都有新教材问世,合计出版教材量有几千套;另一方面是印尼可用的教材寥寥无几,国内编写的教材大部分出现在大学中文系或者一些中小学,如《新实用汉语课本》《中文》《汉语教程》,还有一本厦门大学海外教育学院专门为印尼编写的《华语》在印尼中小学中使用相对较多,其他的教材都是本土教师自编。

长期以来,印尼"一带一路"国际中文人才培养工作缺乏明晰的定位,一方面是基数巨大的华人华侨倾向于母语式的语言教学与家长式的学校管理,另外一方面是缺乏调查调研生搬硬套用于本地国民学校的国际中文教材,因此,很少有合适的教材出现也就在情理之中了。

值得一提的是,印尼"一带一路"国际中文人才培养教材在地化的工作正在逐步展开,中国海外交流协会、广东省海外交流协会等主编的《千岛娃娃学华语》系列教材在印尼幼儿园和小学使用较广,这是在地化教材编写的有益实践,但是对国别化教材开发还并未形成完整的体系。

(二)本土化教师的专业化培养

对于本土中文教师和中国外派中文教师的适用性方面,印尼表现得格外明显。由于制度上的缺失,教师获得的只有传统尊师重道一脉相承的荣誉感,而无实质上的报酬,所以造成的一种现象是老一辈没有经济压力且懂中文的老师其知识结构需要更新与完善,新一代的本土中文教师因为谋生的需求而放弃了教师的职业,让渡给对工资要求不是很高的穆斯林友族教师担任,而中国派出的教师因为任期的关系,刚刚熟悉本土的状况,还没有来得及打磨就已经期满回国。

但目前也有两个可喜的倾向:一是教育部中外语言交流合作中心斥巨资开展的新汉学计划,遴选所在国教师来中国攻读博士学位,在中国接受系统而完善的高等教育,再加上教师本人对所在地的认知,融会贯通,形成本土化教师的中坚力量。二是国际中文教师的在地化专业培养。厦门大学海外教育学院在印尼的落地本科教育项目可以提供一面镜鉴:项目有师范类和文化类两个方向,师范类招收印尼一线教学的中文教师,文化类招生企业老板和商务精英,一方面对本土教师进行在地化的培养,形成核心力量,另一方面受中华文化熏陶的企业老板为"一带一路"国际中文人才培养的发展提供智力和资金支持,形成一个良性互动的循环。

（三）以交际能力和认知能力为目标的人才培养

"一带一路"倡议下的"一带一路"国际中文人才培养实际上是培养促进民心相通的交际人才,这种交流的主要载体是中文,因此可以说交际能力是中文学习者综合能力的重要体现。学习者中文交际能力的发展必须立足于"一带一路"建设需要的真实语境中进行,"一带一路"国际中文人才培养的内容从语料的选择到场景的设立都有实际的指向,在此语境之中要培养学生在强烈学习兴趣之下的主动探索能力。归根结底,学生是中文学习的主体,科学引导之下的主动的学习永远好于被动灌输,课堂内外的互动一直是交际能力培养的主要手段,而课程内容的呈现需要通过交际场景再现即广义上的表演来完成,从而发展学生中文学习中跨模块化的认知模式。[①]

"一带一路"国际中文人才培养是基于学生本位的教学,中文学习者是认知的主体,由于文化背景、生活阅历、知识构成等因素的不同,不同国家和地区的学生具有不同的认知负荷,其认知模式也存在差异。基于学生普遍认知特点的中文教学,从认知的角度而言主要集中在降低中文知识的认知难度、提升中文知识的感情量度、加强中文知识的联系强度和强化中文知识的激活频度等四个方面。

基于认知负荷理论的"一带一路"中文人才培养,其教学策略的宗旨主要集中在如何降低内在和外在的认知负荷并增加有效的认知负荷两个方面,基于上述理论发展出的教学策略有:(1)学习内容内在认知较高时采用部分任务——预演法、分割法;(2)采用去除法、降低分散注意力法、样例法、排列标记法、剔除冗余法改善学生学习内容的外在认知;(3)使用学习内容变异法、嵌入支架式法以增加有效认知负荷。[②]

---

① 郑通涛.从复杂动态系统理论看语言交际能力发展[M]//海外华文六十年.厦门:厦门大学出版社,2016:300-307.

② 曾小燕,郑通涛.认知负荷理论:国际中文词汇教学的新视角[J].云南师范大学学报(国际中文教学与研究版),2014(5).

五、培养评价

构建"一带一路"印尼国际中文人才培养模式,其中最关键的一个要素是人才的培养评价问题。如上文所论,人才评价要强化国际质量认证,注重全球观价值引领,除政府、企业、高校、智库等联合主体的评价之外,还要积极鼓励社会多元参与评价管理,建立健全科学、规范的评价机制,推动培养评价体系的规范运行和公平发展。需要做到以下三点:

1.国际化的第三方质量评估机构

"一带一路"倡议下所培养的人才是直接服务于沿线国家建设的,作为全球治理的中国方案,这些人才从宏观上来看是为全球化服务的,因此,中国除了和印尼合作之外,还需要同国际社会的第三方专业教育服务机构建立合作关系,负责双方合作质量效益监督认证工作。一些政府部门和社会组织诸如科技部、文化和旅游部、权威媒体也应参与到人才培养质量评估的工作中来,加强人才质量评估的监督工作。

2.建立人才评估资质认证标准体系

印尼作为东盟的大国,遵守东盟命运共同体共同制定的《东盟大学网络质量保障》《AUN-QA 指导方针》《AUN-QA 战略框架行动计划(2012—2015年)》等文件精神。在此框架之下,在共商共建的前提下与印尼合作建立"一带一路"人才培养质量认证的标准体系,对通过质量认证体系的中文人才,颁发"一带一路"沿线国家,甚至全球统一认可的学历学位证书资格。

3.规范引导人才质量评估行为

"一带一路"人才培养质量评估工作非常严肃,必须通过制度认真规范参与主体的人才质量评估的行为。政策层面上,两国政府可以签订教育区域合作与人才质量认证的专门性政策文件;法律层面上,出台印尼"一带一路"人才质量监督评估规定,做到有法可依;组织层面上,可以制定《"一带一路"印尼高等教育区域合作及人才培养质量评估管理办法》,努力提升"一带一路"印尼中文人才质量评估工作的规范化服务水平。

"一带一路"印尼国际中文人才培养的在地化教学是一项系统工程,不但需要精细的调研、国内外各团队的密切合作,还需要建立长效机制与科学的评价系统。过去十几年的"一带一路"国际中文人才培养工作的经验表明,先前生硬的拿来主义式的教材编写、教师培养与教学方法已然不适应在地化教学的需求。在新的形势下,只有站在"一带一路"国际中文人才培养发展的地平线上,精研"一带一路"国际中文人才培养教学的在地化种种特征,不断深耕细作,才能使"一带一路"国际中文人才培养工作更切合实地的情形,达到最好的效果。正所谓境有转移,法有更革,亦势所必也。

第四节　印尼国际中文人才培养模式构建

一、印尼中文学习者学习特征分析

本书以"一带一路"国际中文人才培养模式为研究重点,选取印尼为个案进行微观国别化模式研究,模式要素部分需要调查印尼中文学习者的特征。首先,问卷调查的主要内容是印尼学习者中文学习特征,他们学习中文的特征是印尼人才培养模式构建的主要组成部分,根据此特征可以确定培养方式和培养目标。其次,关于学习者特征的内涵,本书第二章有详细而又深入的论述,主要包括认知差异、情感差异、学习策略等方面的内容。最后,关于调查问卷的信效度问题,调查问卷的主体部分确定后,需要一个先期的调查,先进行预施测,然后进行调整完善,再根据问卷调查结果分析印尼学习者中文学习特征。

本调查问卷首先参考已有问卷并结合各种理论设计出最初的问卷形态,共计 6 个项目 36 个题目,经过预施测之后对问卷进行调整,得到 4 个大项目 29 个题目。然后对印尼中文学习者展开广泛的调查,调查学生类型包括印尼留学生、印尼本土中文全日制学历高校学生、中文短期培训班学生以及意欲学习中文的企业工作人员,调查范围覆盖印尼主要城市,共计在雅加达、万隆、泗水、井里汶、望加锡、棉兰、日惹、三宝垄等城市发放 320 份调查问卷,回收有效问卷 308 份。

（一）调查问卷设计

本研究在复杂动态理论的视阈下研究印尼"一带一路"国际中文人才培养模式问题，而理论的模型上文已经详细论述。"一带一路"印尼国际中文人才培养模式主要由人才需求、人才培养要素和印尼学习者特征三个子系统构建而成，这些系统相互影响、相互交织、全面连接，在"一带一路"建设环境下呈现出涌现性的特征。"一带一路"倡议下印尼国际中文人才需求问题，以及印尼中文复合型人才培养要素问题上文中已经进行一一论述。现就印尼中文学习者特征问题进行调查分析，通过对这三个子系统的分析，最终构建起"一带一路"倡议下印尼国际中文人才培养模式。下面论述调查问卷的制定依据。

针对学习者的特征，Dörnyei 在古希腊哲学家柏拉图的启发下，以人类的认知特征为基础将组成人心智的认知、情感和动机三个部分分别作为三个子系统对待。[①] 印尼中文学习者特征调查问卷的设计也以此为基础进行。需要指出的是，理论模型是相对完整并且具有解释力的，但是在设计的过程中需要把其中的要素进行重新归类调整，以免在调查的过程中产生误读，例如学习策略部分的元认知策略、认知策略等要素容易与认知差异部分的认知相关要素混淆。因此，我们在设计问卷时将其中部分概念和要素重新表述，并进行适当调整和归类，使之更具有操作性。

调整的原则：一级指标"印尼中文学习者特征"以及 3 个二级指标"认知差异""情感差异""学习策略"保持不变，只是对个别三级指标进行调整，例如，"反思总结"指标其实就是"元认知策略"，避免与认知指标混淆，调整后的指标如表 4-1 所示。

---

① Dörnyei Z. The Psychology of the Language Learners: Individual Differences in Second Language Acquisition[M]. Mahwah: Lawrence Erlbaum，2005.

表 4-1　印尼中文学习者特征量表

印尼中文学习者特征	认知差异	元认知
		效能认知
		环境认知
	情感差异	学习动机
		学习态度
		焦虑感
	学习策略	学习管理
		反思总结
		合作交流
		自我调节

上述总体调查指标确定之后,下面分步确定二级指标及三级指标的内容。

1.认知差异量表

按照上文论述,认知差异应该包括工作记忆的部分,但是要考察印尼中文学习者整体性特征,记忆能力属于个体之间非常微观的差异,对印尼学习者整体特征不构成影响,因而删去此项。学习智力和语言学能合并为对学习效能的认知,加上学习者对自身本体的元认知能力,共 3 个二级指标——元认知、效能认知、环境认知。

认知差异部分量表编制的依据:元认知和环境认知指标,主要参考 Gregory 等编制的"元认知意识问卷"、[①]Cartwright-Hatton 等编制的"元认知问卷"、[②] 内容的编制也受到了衷克定等编制的"远程学习者元认知问卷"的启发[③]。学习效能量表的编制,参照 Schwarzer 等编制的一般自我效能感量表(GSES),[④] 这是国内外广泛认可的测量一般自我效能感的典型量表。认知差异具体的量表包含 3 个二级指标共 11 道题目,如表 4-2 所示:

---

①　Gregory S, Sperling D R. Assessing Metacognitive Awareness[J]. Contemporary Educational Psychology, 1994,19(4):460-475.

②　Cartwright-Hatton S,Wells A. Beliefs about Worry and Intrusions: The Metacognitions Questionnaire and Its Correlates[J]. Journal of Anxiety Disorders, 1997,11(3):279-296.

③　衷克定,潘海燕.远程学习者元认知与学习效能感关系分析与研究[J].中国远程教育,2007(12).

④　Schwarzer R, Jerusalem M. Generalized Self-Efficacy Scale[M]//Johnston M, Wright S C, Weinman J. Measures in Health Psychology: A User's Portfolio. Windsor, UK: NFER-NELSON, 1995: 35-37.

表 4-2 印尼中文学习者认知差异量表

认知差异	元认知	1.我了解自己的学习兴趣和爱好
		2.我清楚自己与其他同学在学习风格上的差异
		3.我知道自己是如何学习中文的
		4.我知道学习中文的用处
	效能认知	1.我有信心处理中文学习过程中的大多数问题
		2.对我来说,坚持完成中文学习是件比较容易的事情
		3.我认为我有很强的自主学习能力
		4.我对自己的中文学习很有信心
	环境认知	1.我学习中文是为了适应社会,不断地更新知识
		2.我学习中文是因为中文未来有竞争力
		3.我学习中文,是希望以后在中国企业工作

2.情感差异量表

在情感差异量表中,包含 3 个二级指标:学习动机、学习态度、焦虑感。其中,学习动机指标以奥苏贝尔的动机分类理论为基础,同时参照了加拿大 Noels 等三位教授的动机量表,[①]同时参照王迎等编制的量表。[②] 学习态度指标题目以 Baron 对学习态度及其结构的研究为理论基础进行设计,[③]并参照温斯坦设计的 LASSI 量表中的态度部分。焦虑感的部分以 Presno 对网络焦虑及其结构的研究为理论基础,[④]亦参考温斯坦的 LASSI 量表,Joiner 等[⑤]、

---

① Noels K A, Pelletier L G, Clément R, et al. Why Are You Learning a Second Language? Motivational Orientations and Self-Determination Theory[J]. Language Learning, 2000, 50(1): 57-85.

② 王迎. 远程学习者学习动机测量工具的编制与应用[J]. 开发教育研究, 2006(5).

③ Liang J C, Wu S H, Tsai C C. Nurses' Internet Self-Efficacy and Attitudes Toward Web-Based Continuing Learning[J]. Nurse Education Today, 2011, 31(8): 768-773.

④ Presno C. Taking the Byte Out of Internet Anxiety: Instructional Techniques That Reduce Computer/Internet Anxiety in the Classroom [J]. Journal of Educational Computing Research, 1998, 18(2): 147-161.

⑤ Joiner R, Brosnan M, Duffield J, et al. The Relationship Between Internet Identification, Internet Anxiety and Internet Use[J]. Computers in Human Behavior, 2007, 23(3): 1408-1420.

Chou① 以及 Torkzadeh 等②编写的网络学习焦虑量表。包括 3 个二级指标共 15 道题目,具体内容如表 4-3 所示:

表 4-3　印尼中文学习者情感差异量表

情感差异	学习动机	1.我对中文和中国文化很感兴趣
		2.我认为掌握中文会让我有成就感
		3.我学习中文是为了找到更好的工作
		4.我学习中文是为了适应社会发展
		5.我学习中文是为了取得学历、赢得尊重
		6.我学习中文是受到了家人或朋友的影响
	学习态度	1.我愿意投入更多的时间学习中文
		2.我会主动推荐朋友学习中文
		3.我感到学习中文很愉快
		4.我对自己的中文学习很满意
		5.我学习中文的成绩是我努力的结果
		6.我的中文成绩和老师及学习环境有关
	焦虑感	1.当中文学习内容较难时,我感到焦虑
		2.当遇到自己不感兴趣的中文知识时,我感到焦虑
		3.当中文学习效果不好的时候,我感到焦虑

3.学习策略量表

学习策略指标包含学习管理、反思总结、合作交流、自我调节 4 项二级指标。学习策略量表编制依据温斯坦等编制的网络学习策略量表(The LASSI for Learning Online Scales),原量表内容繁多,包含 11 个维度 88 道题,③我们从中筛选出对印尼中文学习者有意义的题目进行设计,同时参考了王迎等编制的远程学习者学习策略量表。包括 4 个二级指标共 10 道题目,具体内容如表 4-4 所示。

---

① Chou C. Incidences and Correlates of Internet Anxiety Among High School Teachers in Taiwan[J]. Computers in Human Behavior, 2003,19(6):731-749.

② Torkzadeh G, Van Dyke T P. Effects of Training on Internet Self-Efficacy and Computer User Attitudes [J]. Computers in Human Behavior, 2002,18(5):479-494.

③ LASSI for Learning Online[EB/OL].[2018-03-01]. http://www.hhpublishing. com/_assessments/LLO/index.html.

表 4-4　印尼中文学习者学习策略量表

学习策略	学习管理	1.我会合理地安排中文学习的时间
		2.我能顺利找到中文学习所需要的资料
		3.我能对我的中文学习资料进行有效的归类和整理
	反思总结	1.当我在中文学习过程中遇到困难时,我会进行反思
		2.我会对每次中文学习的内容进行归纳总结
		3.每次学习之后,我会总结是否达到了学习目标
	合作交流	1.在中文学习过程中,我会积极参与讨论,发表意见
		2.在学习中文过程中遇到困难,我会积极请教老师
	自我调节	1.每次学习中文之前,我会有学习目标和学习计划
		2.我会根据中文学习的内容调整学习的进度

（二）探索性因子分析

1.信度分析

信度分析又称可靠性检测,用于检验问卷调查的结果是否具有一致性,本研究采取的检测方法是由李·科隆巴赫在 20 世纪中期提出的克龙巴赫一致性系数(Cronbach's alpha 系数,简称 α 系数)。通常情况下,α 系数需要达到 0.6 以上才能证明问卷的数据结构具有较好的一致性。本研究使用苹果 Mac 版的 SPSS 23.0,从 308 份样本中随机抽取 200 份对印尼学习者中文学习特征的问卷调查数据进行可靠性检验,结果如表 4-5:

表 4-5　印尼学习者中文学习特征调查信度检验

维度	Number	α 系数
学习策略	7	0.951
学习动机	7	0.937
情感差异	6	0.915
自我效能	4	0.898
学习态度	2	0.734
元认知	3	0.704

由表 4-5 可以看出,该量表各个维度的 α 系数均大于 0.7,证明印尼学习

者特征各维度的特征值都达到了此次研究的标准,即各个维度的数据可靠性良好。其中学习策略、学习动机和情感差异维度的 α 系数最高,大于 0.9;自我效能的 α 系数为 0.898;学习态度的 α 系数为 0.734;元认知的 α 系数 0.704,具有较好的信度。

2.KMO 和巴特利特球形检验

由表 4-6 可知,KMO 度量值为 0.960,大于 0.9;巴特利特球形检验近似卡方值为 5817.648,自由度为 406,显著性为 0.000,小于 0.01,通过了显著性水平为 1% 的显著性检验,由此可知印尼学习者中文学习特征量表非常适合进行因子分析。

表 4-6 KMO 和巴特利特球形检验

KMO 取样适切性量数		0.960
巴特利特球形检验	近似卡方	5817.648
	自由度	406
	显著性	0.000

3.主成分提取

由表 4-7 可以看出,对印尼学习者中文学习特征量表 36 个题目进行 6 个主成分提取,删去不符合要求的题目,最后得到 29 个题目,由统计表可知,累计解释方差为 78.982%。这说明 29 个题目提取 6 因子对于原始数据的解释度较为理想。

表 4-7 总方差解释

成分	初始特征值			提取载荷平方和			旋转载荷平方和		
	总计	方差百分比/%	累计百分比/%	总计	方差百分比/%	累计百分比/%	总计	方差百分比/%	累计百分比/%
1	17.585	60.636	60.636	17.585	60.636	60.636	7.705	26.567	26.567
2	1.666	5.745	66.381	1.666	5.745	66.381	5.517	19.025	45.592
3	1.179	4.067	70.448	1.179	4.067	70.448	3.835	13.222	58.815
4	0.902	3.111	73.559	0.902	3.111	73.559	2.579	8.893	67.708
5	0.829	2.858	76.417	0.829	2.858	76.417	1.649	5.685	73.393
6	0.744	2.565	78.982	0.744	2.565	78.982	1.621	5.589	78.982

根据碎石图(图 4-1)可知,折线在成分 7 之后趋向平缓,并在之前分两段呈急剧下降的趋势,说明 28 个题目中提取 6 个因子较为合适。

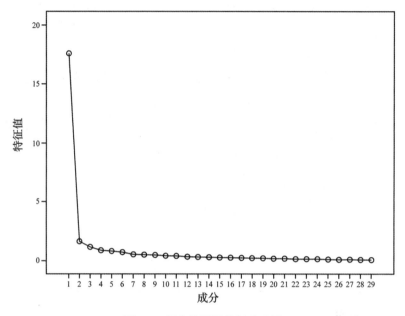

图 4-1　探索性因子分析碎石图

4.旋转成分矩阵

如表 4-8,根据旋转成分矩阵可以判断其各个题目的因子归属,其中 F1 到 F7 等 7 个题目属于因子 1,因子载荷大于 0.4,名为"学习策略";C1、C2、C3、C5、C6、C7、C8 等 7 个题目属于因子 2,因子载荷大于 0.4,名为"学习动机";E1、E2、E3、E4、E6 等 5 个题目属于因子 3,其因子载荷大于 0.4,名为"情感差异";B1 到 B4 等 4 个题目属于因子 4,其因子载荷大于 0.4,名为"自我效能";D4、D6 等 2 个题目属于因子 5,其因子载荷大于 0.4,名为"学习态度";A1、A2、A4 等 3 个题目属于因子 6,其因子载荷大于 0.4,名为"元认知"。

表 4-8 旋转后的成分矩阵 a

题目	成分					
	1	2	3	4	5	6
F1	0.630					
F2	0.728					
F3	0.715					
F4	0.636					
F5	0.506					
F6	0.646					
F7	0.590					
C1		0.672				
C2		0.520				
C3		0.746				
C5		0.766				
C6		0.454				
C7		0.709				
C8		0.640				
E1			0.845			
E2			0.873			
E3			0.697			
E4			0.508			
E6			0.428			
B1				0.408		
B2				0.441		
B3				0.747		
B4				0.411		
D4					0.734	
D6					0.775	
A1						0.440

续表

题目	成分					
	1	2	3	4	5	6
A2						0.825
A4						0.425

提取方法:主成分分析法;旋转方法:凯撒正态化最大方差法;a.旋转在 9 次迭代后已收敛

经过信效度分析,删去量表中不具有调查意义的题目,题目从原来的 36 题删减到 29 题,主要成分也分成学习策略、学习动机、情感差异、自我效能、学习态度和元认知等 6 个潜变量,如表 4-9 所示。

表 4-9　学习特征经预施测调整后量表

F.学习策略	F1	我会合理地安排中文学习的时间
	F2	我能顺利找到中文学习所需要的资料
	F3	我能对我的中文学习资料进行有效的归类和整理
	F4	在中文学习过程中,我会积极参与讨论,发表意见
	F5	在学习中文过程中遇到困难,我会积极请教老师
	F6	每次学习中文之前,我会有学习目标和学习计划
	F7	我会根据中文学习的内容调整学习的进度
C.学习动机	C1	我学习中文是为了适应社会,不断地更新知识
	C2	我对中文和中国文化很感兴趣
	C3	我认为掌握中文会让我有成就感
	C5	我学习中文是因为中文未来有竞争力
	C6	我学习中文,是希望以后在中国企业工作
	C7	我学习中文是为了找到更好的工作
	C8	我学习中文是为了适应社会发展
E.情感差异	E1	当中文学习内容较难时,我感到焦虑
	E2	当遇到自己不感兴趣的中文知识时,我感到焦虑
	E3	当中文学习效果不好的时候,我感到焦虑
	E4	当我在中文学习过程中遇到困难时,我会进行反思
	E6	每次学习之后,我会总结是否达到了学习目标

续表

B.自我效能	B1	我有信心处理中文学习过程中的大多数问题
	B2	对我来说,坚持完成中文学习是件比较容易的事情
	B3	我认为我有很强的自主学习能力
	B4	我对自己的中文学习很有信心
D.学习态度	D4	我对自己的中文学习很满意
	D6	我的中文成绩和老师及学习环境有关
A.元认知	A1	我了解自己的学习兴趣和爱好
	A2	我清楚自己与其他同学在学习风格上的差异
	A4	我知道学习中文的用处

（三）验证性因子分析

1.结构效度

由表 4-10 可知,χ^2/df 值为 2.519,小于 3,适配比较理想;RMSEA 值 0.087,在可接受的范围之内;NFI 值 0.821;RFI 值 0.799;CFI 值 0.883;IFI 值 0.884;TLI 值 0.868,其值大于 0.8 而接近 0.9,表明适配比较良好。综合来看,元认知、自我效能、学习动机、学习态度、情感差异和学习策略等成分因子组成的印尼中文学习者学习特征模型适配良好。

表 4-10　结构效度参考值

χ^2/df	RMSEA	NFI	RFI	CFI	IFI	TLI
2.519	0.087	0.821	0.799	0.883	0.884	0.868

注:χ^2/df 为卡方自由度比,RMSEA 为近似误差均方根,NFI 为常规拟合指数,RFI 为相对拟合指数,CFI 为比较拟合指数,IFI 为增值拟合指数,TLI 为 Tueker-Lewis 指数。

通过探索性因子分析之后,我们将问卷的题目进行适当调整,使之符合探索性因子研究的要求,然后再从问卷中随机抽取另外的 200 份样本进行验证性因子分析,通过 AMOS 运算建模,得到结构方程模型如图 4-2 所示。

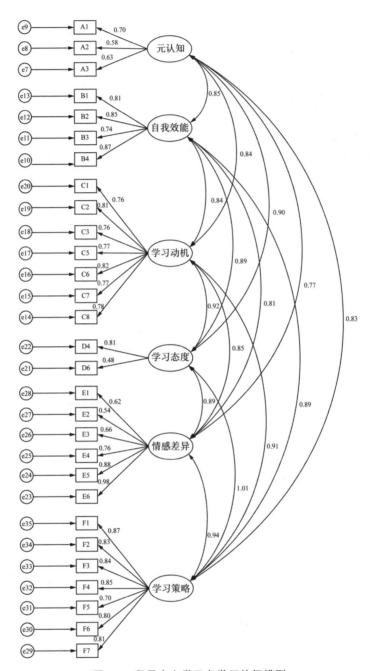

图 4-2　印尼中文学习者学习特征模型

2.聚敛效度

由表 4-11 可知,印尼中文学习者学习特征调查表中自我效能、学习策略、学习态度、学习动机、感情差异、元认知等各个潜变量对应各个题目的荷载除学习态度和元认知之外均大于 0.8,学习态度荷载 0.6004,元认识为 0.671,在可接受的范围。整体上来看,其各个潜变量对应所属题目具有很高的代表性。另外,量表各个潜变量的平方差变异 AVE 除学习态度和元认知外,均大于0.5,且量表潜变量因子的组合信度大于 0.8,说明该量表具有可靠而且理想的聚敛效度。

表 4-11　聚敛效度表

路径			Estimate	AVE(平方差变异)	CR(组合信度)
A4	←	元认知	0.626		
A2	←	元认知	0.577	0.4063	0.6710
A1	←	元认知	0.703		
B4	←	自我效能	0.874		
B3	←	自我效能	0.742	0.6629	0.8869
B2	←	自我效能	0.85		
B1	←	自我效能	0.813		
C7	←	学习动机	0.771		
C6	←	学习动机	0.821		
C5	←	学习动机	0.771		
C3	←	学习动机	0.756	0.6107	0.9165
C2	←	学习动机	0.808		
C1	←	学习动机	0.757		
C8	←	学习动机	0.784		
D6	←	学习态度	0.481	0.4445	0.6004
D4	←	学习态度	0.811		

续表

路径			Estimate	AVE(平方差变异)	CR(组合信度)
E5	←	情感差异	0.876		
E4	←	情感差异	0.756		
E3	←	情感差异	0.662	0.5445	0.8742
E2	←	情感差异	0.541		
E1	←	情感差异	0.621		
E6	←	情感差异	0.901		
F6	←	学习策略	0.851		
F5	←	学习策略	0.701		
F4	←	学习策略	0.847		
F3	←	学习策略	0.843	0.6780	0.9362
F2	←	学习策略	0.834		
F1	←	学习策略	0.871		
F7	←	学习策略	0.805		

3.区分效度

从表 4-12 可以看出,印尼中文学习者学习特征量表中各个潜变量对于学习者中文学习特征的影响不同,整体上来看,各变量的影响性均满足 $p < 0.05$ 这一条件。

表 4-12　结构方程模型系数估计表

	Estimate	S E	C R	p	Label
元认知	0.279	0.062	4.478	***	par_68
自我效能	0.874	0.114	7.653	***	par_69
学习动机	0.581	0.089	6.511	***	par_70
学习态度	0.163	0.048	3.406	***	par_71
情感差异	1.292	0.159	8.100	***	par_72
学习策略	0.677	0.099	6.842	***	par_73
e7	0.433	0.050	8.569	***	par_74
e8	0.420	0.047	8.924	***	par_75
e9	0.334	0.044	7.647	***	par_76
e10	0.270	0.037	7.328	***	par_77

续表

	Estimate	S E	C R	p	Label
e11	0.533	0.059	8.997	***	par_78
e12	0.394	0.050	7.862	***	par_79
e13	0.342	0.041	8.404	***	par_80
e14	0.363	0.041	8.938	***	par_81
e15	0.454	0.050	9.025	***	par_82
e16	0.533	0.062	8.631	***	par_83
e17	0.429	0.048	9.024	***	par_84
e18	0.411	0.045	9.111	***	par_85
e19	0.418	0.048	8.754	***	par_86
e20	0.448	0.049	9.104	***	par_87
e21	0.544	0.057	9.587	***	par_88
e22	0.433	0.091	4.763	***	par_89
e23	0.301	0.042	7.145	***	par_90
e24	0.339	0.043	7.824	***	par_91
e25	0.504	0.055	9.127	***	par_92
e26	0.548	0.058	9.484	***	par_93
e27	0.877	0.090	9.715	***	par_94
e28	0.679	0.071	9.580	***	par_95
e29	0.367	0.039	9.351	***	par_96
e30	0.368	0.041	9.074	***	par_97
e31	0.599	0.062	9.652	***	par_98
e32	0.347	0.038	9.106	***	par_99
e33	0.348	0.038	9.137	***	par_100
e34	0.369	0.040	9.196	***	par_101
e35	0.34	0.038	8.893	***	par_102

注：*** 表示 0.01 水平上显著。

由表 4-13 可知，印尼中文学习者学习特征量表中自我效能、学习策略、学习态度、学习动机、情感差异、元认知等各个潜变量之间具有显著的相关性（$p<0.01$），另外，其相关性系数绝对值均小于 0.5，且均小于所对应的 AVE 的平方根，说明各个变量之间有一定的相关性，且彼此之间又具有一定的区分度，

说明量表数据区分度比较理想。

表 4-13　区分效度表

	情感差异	学习态度	学习动机	自我效能	元认知	学习策略
情感差异	1.292					
学习态度	0.411***	0.163				
学习动机	0.736	0.285***	0.581			
自我效能	0.86	0.336***	0.595	0.874		
元认知	0.463***	0.193***	0.338***	0.421***	0.279	
学习策略	0.88	0.334***	0.571	0.687	0.362***	0.677
AVE 平方根	1.137	0.404	0.762	0.935	0.528	0.823

（四）问卷分析

1.整体分析

上文通过探索性因子分析和验证性因子分析对印尼中文学习者的学习特征进行探讨,排除与分析结果的要求不相符合的内容,为下一步更加科学地进行问卷分析打好基础。

调查问卷常量部分有"就读学校""所在城市""性别""年龄""民族""宗教信仰"几个参照要素。其中"就读学校""所在城市"两个要素只具有标记意义,用来检测发放问卷的覆盖性是否合理。本次回收的 308 份问卷中男女的性别比例分别为 59.4％和 40.6％,其中年龄在 10～20 岁的学习者占比为 38.3％,21～30 岁的占比 44.8％,31～40 岁的占比 13.6％,41 岁以上的占 3.2％。此两项可以看出目前印尼学习中文的学生的性别分布和年龄分布状况,数据显示印尼的中文学习者主要为青少年群体,并且有低龄化的趋势。

通过对调查对象的民族归属进行统计(图 4-3),我们发现调查对象的民族构成中,巽达族和华族占的比例最大,分别为 44.5％和 39.0％,爪哇族占5.2％,马来族占3.6％,马都拉族占 2.9％,其他族类占 4.9％。而印尼爪哇族占绝大多数,他们是印尼社会的主流,在调查对象的覆盖上没有反映出这一现象。虽然爪哇族绝对数量很多,但这也从一个侧面反映出爪哇族在学习中文的相对数量上并不占优势,华人华侨一直都是中文学习者的主要组成部分。

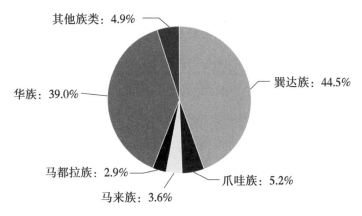

图 4-3　调查对象的民族归属统计图

通过对调查对象的宗教信仰进行统计(图 4-4),发现信仰伊斯兰教的占 37％,信仰基督教的占 34.4％,信仰天主教的占 11.4％,信仰佛教的占 13.6％,信仰印度教的占 1.3％,其他宗教信仰的占 2.3％。印尼是以信仰伊斯兰教为主的国家,反映在中文学习者的宗教信仰上也是信仰伊斯兰教者占比最大,然而并不占绝对的优势,因为印尼的华侨华人大都信仰基督教、天主教或者佛教,在中文学习者数量上占比较大。

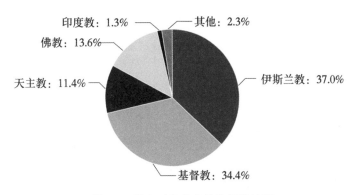

图 4-4　调查对象的宗教信仰统计图

2.相关性分析

根据上文分析对调查问卷进行调整后,29 个题目分别属于"元认知""自我效能""学习动机""学习态度""情感差异""学习策略"等 6 个主成分组。首先对数据进行处理,通过对变量的计算,将每个题目的平均值合并计算到主成分组中,以便进行相关性分析。6组数据的平均值和标准差如表 4-14 所示。

表 4-14　学习特征要素平均值和标准差统计

	个案数	最小值	最大值	平均值	标准差
元认知	308	1.33	5.00	4.25	0.69
自我效能	308	1.00	5.00	3.86	0.94
学习动机	308	1.00	5.00	4.07	0.89
学习态度	308	1.00	5.00	4.02	0.90
情感差异	308	1.00	5.00	3.89	0.94
学习策略	308	1.00	5.00	3.85	0.96
有效个案数(成列)	308				

接下来,根据变量计算的结果对这些变量进行相关性分析,加上"民族"和"宗教"两个变量,使用苹果 Mac 装载 64 位版的 SPSS 23.0 进行分析,结果如表 4-15 所示:

表 4-15　学习特征等要素相关性统计

		元认知	自我效能	学习动机	学习态度	情感差异	学习策略	民族	宗教
元认知	皮尔逊相关性	1.000	0.639**	0.680**	0.583**	0.520**	0.666**	−0.269**	−0.221**
	显著性(双尾)		0.000	0.000	0.000	0.000	0.000	0.000	0.000
	个案数	308	308	308	308	308	308	308	308
自我效能	皮尔逊相关性	0.639**	1.000	0.761**	0.673**	0.599**	0.824**	−0.330**	−.184**
	显著性(双尾)	0.000		0.000	0.000	0.000	0.000	0.000	0.000
	个案数	308	308	308	308	308	308	308	308
学习动机	皮尔逊相关性	0.680**	0.761**	1.000	0.666**	0.693**	0.822**	−0.331**	−0.195**
	显著性(双尾)	0.000	0.000		0.000	0.000	0.000	0.000	0.000
	个案数	308	308	308	308	308	308	308	308

续表

		元认知	自我效能	学习动机	学习态度	情感差异	学习策略	民族	宗教
学习态度	皮尔逊相关性	0.583**	0.673**	0.666**	1.000	0.592**	0.750**	-0.345**	-0.200**
	显著性（双尾）	0.000	0.000	0.000		0.000	0.000	0.000	0.000
	个案数	308	308	308	308	308	308	308	308
情感差异	皮尔逊相关性	0.520**	0.599**	0.693**	0.592**	1.000	0.787**	-0.438**	-0.261**
	显著性（双尾）	0.000	0.000	0.000	0.000		0.000	0.000	0.000
	个案数	308	308	308	308	308	308	308	308
学习策略	皮尔逊相关性	0.666**	0.824**	0.822**	0.750**	0.787**	1.000	-0.403**	-0.166**
	显著性（双尾）	0.000	0.000	0.000	0.000	0.000		0.000	0.000
	个案数	308	308	308	308	308	308	308	308
民族	皮尔逊相关性	-0.269**	-0.330**	-0.331**	-0.345**	-0.438**	-0.403**	1.000	0.520**
	显著性（双尾）	0.000	0.000	0.000	0.000	0.000	0.000		0.000
	个案数	308	308	308	308	308	308	308	308
宗族	皮尔逊相关性	-0.221**	-0.184**	-0.195**	-0.200**	-0.261**	-0.166**	-0.520**	1.000
	显著性（双尾）	0.000	0.000	0.000	0.000	0.000	0.000	0.000	
	个案数	308	308	308	308	308	308	308	308

注：** 表示在 0.01 级别（双尾），相关性显著。

从上表统计结果来看，印尼中文学习者六大要素特征以及"民族"和"宗教"两个要素作为自变量，它们之间的相关关系明显；其显著性 p 值都是 0.000，小于 0.05，相关性非常显著，表明具有统计学意义。统计显示，"民族"和"宗教"与印尼中文学习者六大特征要素之间的相关性数值为负，且 p 值小于 0.05，整体上而言证明具有明显的负相关关系。对于个体的学习者来说，其所属民族不会改变，宗教信仰改变的可能性也比较小，可以忽略不计；而从学习者整体数量的民族和宗教归属来看，这又是一个非常显著的变量，学生的宗教和民族特征越强,其学习特征就越弱,直接影响了学习者的中文学习效果。因此,在构建"一带一路"印尼国际中文人才培养模式的过程中要十分注意民族和宗教的影响。

3.回归分析

要了解印尼中文学习者调查表中的某个常量或者某项特征要素对整体特征的影响,可以使用回归分析对其进行检验和预测,进行相关性分析之后,对满足回归分析条件的变量进行分析。通过对数据进行处理,这里选取了具有学习特征区分度的"学习动机"变量进行分析。"一带一路"建设与印尼合作的过程中,产生大量的国际中文人才缺口,参建的中国公司或者中国印尼合作项目会提供有竞争力的薪酬、职位和发展平台,调查问卷中"学习动机"变量的题目设计目的即在此。检测一下学习者的学习动机与其他变量之间的关系,通过对这些要素进行回归分析,结果如表 4-16 所示。

表 4-16　学习动机回归分析模型摘要

模型	R	R^2	调整后 R^2	标准估算的误差	DW 统计量
1	0.854[a]	0.730	0.725	0.4677	1.578

注:预测变量(常量)为学习策略、元认知、学习态度、情感差异、自我效能。因变量为学习动机。

通过上表可以看出,R^2(多重判定系数)的值为 0.730,这意味着学习动机因素的变异中,能被"元认知""自我效能""学习态度""情感差异""学习策略"等因素的多元回归方程所解释的比例为 73.0%;R^2 的平方根就是学习动机与另外 5 个变量的负相关系数。调整后 R^2(调整后多重判定系数)是 0.725,说明在用样本量和模型中的自变量的个数进行调整后,在学习动机因素的变异中,能被多元回归方程解释的比例是 72.5%。标准估算的误差是 0.4677,表明根据成立的多元回归方程,用其他 5 个变量预测时平均误差为 46.77%,这些影响来自模型外的其他因素和误差。DW 统计量(Durbin-Watson 统计量)为 1.578(1.5<DW<2.5),表示无自相关现象。

从表 4-17 中可以看出,回归平方和表示在学习动机变量变异中,回归模型所包含的自变量所能解释的程度为 178.565;残差平方和代表在学习动机变量变异中没有被回归模型包含的变量解释的程度为 66.061;另外,显著性值为

0.000（＜0.05），表明建立的回归方程具有统计学意义，即自变量和因变量之间存在因果关系。

表 4-17　学习动机回归 ANOVA 统计

模型		平方和	自由度	均方	F	显著性
1	回归	178.565	5	35.713	163.264	0.000[b]
	残差	66.061	3.2	0.219		
	总计	244.626	307			

注：因变量为学习动机。预测变量（常量）为学习策略、元认知、学习态度、情感差异、自我效能。

根据表 4-18 分析结果，显著性值除"学习态度"这一变量外都小于 0.05，整体上来说，说明这些自变量对因变量有着比较明显的预测作用；VIF 值都小于 7，说明不存在多重共线的现象。

表 4-18　学习动机回归系数

模型		未标准化系数		标准化系数	t	显著性	共线性统计	
		B	标准误差	Beta			容差	VIF
1	（常量）	0.172	0.177		0.970	0.333		
	元认知	0.254	0.054	0.197	4.743	0.000	0.520	1.923
	自我效能	0.207	0.052	0.219	3.986	0.000	0.297	3.368
	学习态度	0.047	0.046	0.047	1.020	0.309	0.419	2.387
	情感差异	0.142	0.047	0.149	3.054	0.002	0.374	2.677
	学习策略	0.332	0.070	0.358	4.768	0.000	0.158	6.320

注：因变量为学习动机。

非标准化的回归方程：学习动机＝0.172＋0.254×元认知＋0.207×自我效能＋0.047×学习态度＋0.142×情感差异＋0.332×学习策略。回归非标准化系数表示当学习动机变量增加一个单位时，元认知增加 0.254 个单位，自我效能增加 0.207 个单位，学习态度增加 0.047 个单位，情感差异增加 0.142 个单位，学习策略增加 0.332 个单位。

标准化的回归方程：学习动机＝0.197×元认知＋0.219×自我效能＋0.047×学习态度＋0.149×情感差异＋0.358×学习策略。标准化系数表示当学习动机变量增加一个单位标准差时,元认知增加 0.197 个单位标准差,自我效能增加 0.219 个单位标准差,学习态度增加 0.047 个单位标准差,情感差异增加 0.149 个单位标准差,学习策略增加 0.358 个单位标准差。

由图 4-5 可以看出,学习动机回归标准化残差平均值为 $-2.38E \times 10^{-15}$,标准差为 0.992,接近 1,表示标准化残差为正态分布。因此,可以说明残差的正态分布假设是被接受的,即残差服从正态分布。

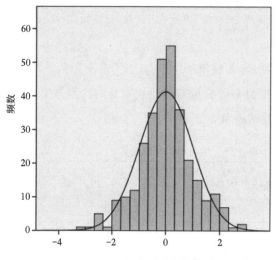

平均值=-2.38×10^{-15}
标准差=0.992
个案数=308

图 4-5　学习动机回归标准化残差直方图

图 4-6 中,学习动机回归标准化残差的正态 P-P 图的所有圆点都集中在中间的斜线上,可以直接看出学习动机标准化残差的正态分布状况,与直方图的内在逻辑保持一致,接受残差正态分布的假设。

学习动机回归分析散点图(图 4-7)是为了检测是否接受线性的相关假设,从而证明其正相关的关系。由图可见,这些散点大都排列成一条直线,说明接受线性相关假设。另外,也可以对印尼中文学习者的民族和宗教因素与学习特征六要素做回归分析,以证明民族和宗教因素在教学过程中的关键作用,从而对"一带一路"印尼国际中文人才培养模式构建起到一定的导向作用。上文已经对民族和宗教因素以及学习特征六要素做了相关性分析,数据分析显示其具有较强的显著性,足以证明民族和宗教因素的重要性,因此这里不再对其做回归分析。

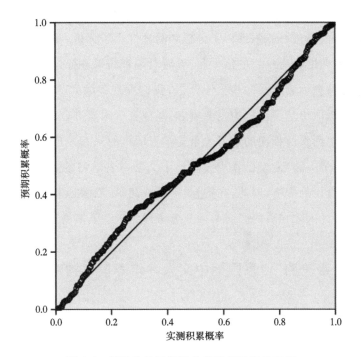

图 4-6　学习动机回归标准化残差正态 *P-P* 图

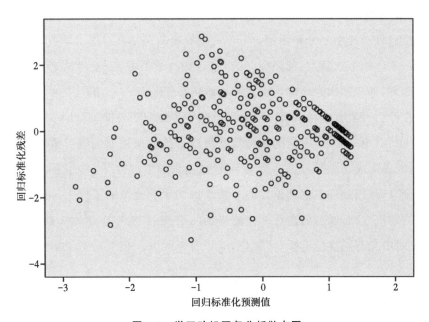

图 4-7　学习动机回归分析散点图

总而言之,设计好印尼中文学习者学习特征调查问卷之后,通过问卷的预施测,对调查问卷进行探索性因子分析和验证性因子分析,并对问卷题目等进行适当调整,使之具有良好的信效度,然后对调查结果进行分析。通过各印尼学习者学习特征因素之间的相关性分析,我们发现各因素相互之间具有强相关性。通过提取出学习动机为因变量,对其他五个因素进行回归分析,我们证明了这个五个因素所指向的学习效果与学习动机的正态分布关系。这些分析结果说明"一带一路"建设已然成为印尼中文学习者学习的强烈动机,并对学习效果产生直接的影响,因此,在构建"一带一路"印尼国际中文人才培养模式时,尤其在设计人才培养路径时必须充分考虑到这些要素所产生的影响。

二、"一带一路"印尼国际中文人才培养模式构建

(一)主体认知

Dörnyei 系统总结和论述了影响学习者二语习得的个体因素,包括性格、气质、情绪、学能、动机、风格、策略、焦虑、创造力、交际意愿、自尊和信念等,[①]上文已经做了详细划分和图解。需要特别提出的是这些渗透了学习者作为二语学习主体的个人特点、已经拥有的知识经验、学习习惯、学习策略方法等个体性因素,都显示出强烈的国别化和地域化特征。

在性格气质方面,从整体上而言,欧美学生偏向于外向,而日本、韩国等亚洲学生则以内向居多,不同的精神气质决定了他们所采取的学习策略也各不相同,欧美国家学生学习偏好倾向于听说、亚洲学生因为汉字文化圈的影响更擅长读写;他们处理焦虑和压力的方法也因国家和地域的不同而不同。学习中文的动机方面,学者们进行一些铺垫性的研究:日本本土学生多数选择"对中国、对中文有兴趣",选择对"就业有利"的非常少;[②]俄罗斯本土学生则首选

---

① Dörnyei Z. The Psychology of the Language Learners: Individual Differences in Second Language Acquisition[M]. Mahwah: Lawrence Erlbaum, 2005.
② 保坂律子.日本大学生汉语学习情况调查[J].世界汉语教学,1998(2).

"为找一份好工作";①美国本土学生主要对当代社会问题(如环保)和日常生活、东西方文化差异感兴趣;②赵倩对泰国和越南学生中文学习的内在需求进行对比性研究,发现本土学生中文学习的内在需求表现出历史时期的不同和国别化的差异。③

随着"一带一路"工作的开展,国别化的研究也逐渐深入,王添淼进行详细的语料收集和统计之后仔细区分了欧美学生、日本学生和韩国学生在声、韵、调方面不同的偏误特点,提出更具针对性的国别化教学策略;④丁安琪分析了不同国家留学生来华前后中文学习动机强度的变化;⑤李琰通过对哈萨克斯坦学生的调查发现不同专业学生的学习动机不尽相同,中文专业的学生多看好其发展前景,而国际专业的学生则倾向于感受另外一种语言;⑥胡晓清根据各国中文学习者不同的发音特点和学习风格,主张将先前没有区分学习者特征的平面化的语料库建设延伸为立体形态的国别化汉语中介语动态语料库。⑦

作为构建人类命运共同体并为"一带一路"建设提供人才支撑部分,国际中文人才的培养主体主要由以下四个部分构成:(1)来华留学生。据教育部统计,2018年共有来自196个国家和地区的492185名各类外国留学人员,亚洲、非洲和欧洲占据了留学生人数的80%以上,亚洲学生最多,近水楼台,得地利之便,总数为295043人,占59.95%;非洲学生主要为社会的中上层人士,总数为81562人,占16.57%;欧洲学生总数为73618人,占14.96%。⑧ (2)华

---

① 石传良.俄罗斯学生汉语学习现状调查分析[J].世界汉语教学,2006(2).

② 杨丽姣.面向美国中学生汉语学习的问卷调查分析与思考[J].语言文字应用,2006(S1).

③ 赵倩,林昱.泰越本土学生汉语学习的内在需求对比研究[J].语言教学与研究,2012(5).

④ 王添淼.不同国别汉语学习者汉语拼音使用情况及其教学策略[J].语言文字应用,2013(4).

⑤ 丁安琪.来华留学生汉语学习动机强度变化分析[J].语言教学与研究,2014(5).

⑥ 李琰、阿勒满詹."一带一路"战略下的哈萨克斯坦高校汉语教育现状及其新变化[J].民族教育研究,2016(6).

⑦ 胡晓清.国别化汉语中介语动态语料库建设理念、实践与前瞻[J].山东师范大学学报(人文社会科学版),2018(5).

⑧ 中华人民共和国教育部,http://www.moe.gov.cn/jyb_xwfb/gzdt_gzdt/s5987/201904/t20190412_377692.html.

裔学生。他们一方面肩负着传承华族语言和文化薪火的重任,另一方面置身"一带一路"发展之舟车,搭建经贸合作和文化交流的桥梁。(3)短训班学员。"一带一路"建设为沿线地区带来了很多中国投资的项目和落地的企业,沿线国家许多企业的业务部门为了进一步携手中国进行经济开发、贸易往来、文化合作交流,和当地的孔子学院合作,为自己的员工开展短期中培训。(4)计划以中文为职业的学习者。他们或者出于加薪升职的美好职业愿景,或者出于对中文和中华文化的好奇,想了解日益崛起的中国背后的发展逻辑。这四类学生作为"一带一路"国际中文人才培养的培养主体,其目的诉求、学习周期、层次要求都有普遍的差异,只有进行国别化或者区域化的培养,才能更具有针对性,和"一带一路"所需的人才进行精准对接。

另外,就"一带一路"国际中文人才培养的主体来说,中国的角色也发生了根本性的转变,从一开始的教育援助逐步走向双向互动的教育合作模式,教育合作概念包含的平等性得以彰显,这也是"一带一路"行动和立意的基础;① 与此同时,中文学习者的身份和角色在宏观角度上也发生了根本的转变,实际上,先前作为受众的中文学习者变成了"一带一路"国际中文人才培养的真正推动者,他们是真正的"施事"或"与事"而非"受事"。②

(二)社会环境

这里所谓的社会环境包含三个层面的内容,首先是社会环境,包括政治制度、经济建设、物质条件等因素,不同国家的政治体制、经济发展状况、基础设施建设情况、和中国的政治经济文化交往情况都各不相同,不同的宏观社会环境奠定了中文学习者学习动机的大致基调,以"一带一路"建设为例,沿线国家中文学习者以大环境为驱动力,自觉地通过中文学习加入"一带一路"的建设行列中来。其次是学习环境。③ 最后是语言环境,是指学习者在不同环境下

---

① 俞凌云,马早明."一带一路"倡议下中国对外教育合作:基本特征、政策取向与实践模式[J].教育发展研究,2019(5).

② 李宇明,施春宏."一带一路"国际中文人才培养"当地化"的若干思考[J].中国语文,2017(2).

③ 戴运财,王同顺.基于动态系统理论的二语习得模式研究:环境、学习者与语言的互动[J].山东外语教学,2012(5).

中文的使用范围和使用频度,体现在母语与目的语的竞争和选择上,也就是所谓的语言距离。例如在属于汉字文化圈的韩国,中文学习者因使用中文的机会较多而认同程度较高,处于非汉字文化圈的美国和印尼学习者使用中文的机会较少而文化认同略低。

"一带一路"沿线国家的制度环境,包括政治制度、法律法规、文化政策等等,其差异不单单体现在中国与这些国家在这些方面的显著性差异方面,还体现在"一带一路"沿线国家之间表现在这些方面的差异性。按照外交距离、友好程度和民心相通程度来衡量的话,首先,与中国来往比较密切的友好国家,以知华、亲华、友华的姿态在与中国经济往来密切的同时,自然会提供"一带一路"国际中文人才培养的必要条件。其次,态度中立的国家大多以国家利益为主导,例如英国,在"一带一路"倡议提出之初持观望的态度,在筹建"一带一路"资金融通保障的亚洲投资开发银行时,英国根据自己国家的利益适时参与,其国的孔子学院建设和人才培养也在有条不紊地进行。最后,少数对"一带一路"建设存疑,像印度这样的国家,甚至启动了"季风计划"对"一带一路"进行反制,积极响应的机构及参与建设的项目有可能成为政治斗争的靶子。[①]另外,一些国家政治局势不稳定也造成了复杂政治环境的又一负面因素。

落实到所在国的语言政策和教育政策方面,国外的中文教育组织表现为三种形式:(1)政府主动倡导,例如泰国、马来西亚等国;(2)学校或者社团自发组织,例如印尼的华人社团筹建的三语学校等;(3)纯粹的市场化运作,体现在欧美的一些企业或教育培训机构中。对中文教育态度的不同,直接决定了"一带一路"国际中文人才培养境遇大不相同,面对迥异而复杂的环境,寻求最佳解决途径和取得最惠待遇,探索出国别化的人才培养路径,是发展此项事业的关键。

（三）文化观念

文化观念是二语学习者及其所在群体在历史上形成的对事物所共同持有的态度,包括文化认同、族群认同和价值观认同等等因素。Kim 曾提出价值

[①]　盛斌、黎峰."一带一路"倡议的国际政治经济分析[J].南开学报(哲学社会科学版),2016(1).

观测量的六个要素:社会规范的服从、取得成就获得家族认可和接纳、自我情感控制、集体主义,还有体现东方特点的谦虚和孝道。① 通过这些测量发现隶属西方文明的美国对其认同度不高,而隶属中华文化圈的亚洲国家,由于对这种濡染了儒家色彩社会结构的天然亲近性,从而对这些价值观测量项目有着高度的认同。体现在文化和族群认同方面,让人感到意外的是美国虽然接触中国文化较少,却对东方文化的神秘性有着浓厚的兴趣,认同度反而越高,究其原因,多民族多文化背景的美国更容易理解不同地域的文化,使他们对文化的态度上呈现开放包容的特点;而一水之隔的韩国和日本,虽然和中华文化同根同源,印尼也是华人华侨分布最多的国家,但其民族情绪较为强烈,对自身历史的强烈认同导致了他们存在对其他民族文化不同程度的排斥心理。② 这些不同基本上都是以国别来划分的,在中文教学的过程中,要十分注意中文学习者文化观念的国别化问题。

中文学习者国别化学习行为在以上三个大方面及各方面所含要素上的体现并不是孤立的,它们相互联系相互影响的复杂动态关系,通常是中文学习者在某一方面受了影响,在其他方面表现出来。比如海外中文学习者年龄分布的问题,李宇明通过梳理美国、法国及东南亚国家不同中文学习者特点,发现其年龄分布逐渐变低,并指出中文学习者低龄化形成的原因在于,中国改革开放初期因为国力尚不发达,中文学习者的动力主要在华人华侨传承诉求,其他国家学习中文愿望也不强,在一些国家由于政治的原因甚至出现了断层;随着中国国力的增强,尤其是"一带一路"倡议的提出,沿线国家学习者开始认为学习中文有利于职业发展,断层之后的华人华侨也觉得有必要传承华族文化,便从娃娃抓起,形成中文学习人群分布逐渐低龄化现象。③ 成人和孩子学习中文的动机不尽相同,这也导致了他们的学习策略截然不同。这是不同国家和地区的社会环境对学习者学习动机的影响,动机的改变影响着策略的改变,策

---

① Kim B S K, Atkinson A D, Yang P H. The Asian Values Scale:Development,Factor Analysis,Validation,and Reliability[J]. Journal of Counseling Psychology, 1999, 46(3).

② 魏岩军,王建勤,朱雯静.不同文化背景汉语学习者跨文化认同研究[J].华文教学与研究,2015(4).

③ 李宇明.海外汉语学习者低龄化的思考[J].世界汉语教学,2018(3).

略改变影响着学习效果的改变。

从总体上而言,"一带一路"沿线各国的社会文化环境呈现出显著的差异性和复杂性,主要反映在一个国家的历史传统、宗教信仰和民族情绪上,即所谓的"民情"。沿线 70 个国家覆盖人口超过 40 亿,以及 53 种官方语言。这些国家和地区的人们在历史上创造了辉煌而又多元的文明。亨廷顿在其《文明的冲突与世界秩序的重建》一书中提出的七大文明①,"一带一路"覆盖了其中的六个。亨廷顿正是站在文明之间的边界地带着眼于困扰人类发展的冲突提出的命题,而"一带一路"却倡导文明互鉴、开放包容、建设人类命运共同体,这是面对人类发展现状而提出的包含了中国智慧的中国方案。

国家所代表的文明之间的冲突时有发生,但是立足求同存异、多元共生的角度,认真厘清这些文明与中华文明之间的契合点是和谐共荣的关键之所在。"一带一路"沿线国家的人民有着极大的差异化,中文教育必须努力适应当地的民情,尊重当地文化,求同存异。如果工作开展得当,合理应对冲突,不但能提供教学方便,还能增进培养对象对中华文化的理解和认同;如果工作开展失当,则有可能使语言教学问题和对文化的理解发生分离和冲突,造成更大的隔阂,中文语言教学活动的开展就寸步难行。

(四)物质条件

"一带一路"沿线国家的物质条件集中表现在所在地区的综合性的社会特征,经济建设水平、国民收入水平、综合经济竞争力等等。"一带一路"沿线各国的物质条件差异性直接表现在国际中文人才的培养方式和培养过程上。例如发达的阿联酋等国家可以充足的资金为保障,建立"一带一路"国际中文人才培养课程数据库、探索 AI 参与的教育教学方法革新、延聘最优秀的中文师资等,培养高质量的中文人才。一些贫穷落后的国家从资金到教师、教材都陷于匮乏的境地,缺乏中文教学和技术教育必要的环境,甚至买不起中文及相关学科的教材,更遑论利用互联网科技进行教学了。学生为了生计只能抽出一点点的时间上课,达到一定培养效果的课时量不足,或者因断断续续的学习周

---

① 亨廷顿.文明的冲突与世界秩序的重建[M],周琪,等,译,北京:新华出版社,2009.

期过长而造成效果不好等现象。在中文国际传播蓬勃开展的今天,"广种薄收"诚然可贵,但是更应该根据这些国家的实际情况制定切合所需的人才培养方案,有效利用有限的资源发挥出最大的产出效果。最后,从国际中文人才的培养成本和现实可操作性角度而言也必须实行国别化培养。[①] 综上所述,"一带一路"国际中文人才培养的国别化势在必行,那么,究竟该怎样进行国别化的培养呢?在下文中我们将进一步探讨。

(五)模式构建

通过上述分析,根据目前的国情状况以及"一带一路"倡议下中国和印尼的合作状况,我们对"一带一路"倡议下印尼国际中文人才的需求做一个梳理。首先需要对印尼在全球范围内人才及人才培养方面所具有的优势进行分析。世界经济论坛 2019 年度发布的印尼竞争力报告关于技术使用这一指标项的调查统计如表 4-19 所示:

表 4-19 印尼人才培养全球竞争力技术使用指标统计表

指数组成	得分	排名/141 国
当前劳动力	56.3	73
平均受教育年限	53.2	92
劳动技能水平	59.4	36
员工培训程度	60.3	33
职业培训质量	60.1	37
毕业生技能水平	59	37
在职人口数字技能	58.5	52
熟练员工的易得度	59.2	45
未来劳动力	71.7	64
学校学习年限	74.2	80
未来劳动力技能水平	69.3	40
教学中批判性思维	53.7	29
初等教育师生比	84.8	54

---

① 李如龙.论"一带一路"国际中文人才培养的国别化[J].语言教学与研究,2012(5).

　　该表显示,印尼在全球竞争的环境之下,其教育培训中"教学中的批判性思维""员工能力培训""职业培训质量""毕业生技术水平"等三级指标项目在世界范围内的排名在前 30 位左右,关于印尼人才培养现状这些参考数据为"一带一路"倡议下印尼国际中文人才培养模式的构建提供了参考依据。

　　根据上述对"一带一路"背景下印尼国际中文人才培养要素的探索,可以得知印尼目前需要大量的基础技术性人才,这些人才是在"一带一路"的语境下开展工作的,中文则是其必需的交际语言,这些正是印尼国际中文人才培养模式的构建的出发点。由政府、高校、企业等组成的人才培养联合主体,以全球观为人才培养理念,以"一带一路"建设需求为目标驱动,以国际化的行业协会为质量认证保障,对人才进行融合性培养。积极发挥中国—印尼双师型导师的作用,开发模块化的语料库、技术资源库,注重多模态教材的研发,"一带一路"相关企业提供实训平台,还需要大数据、AI 等技术的大力支持。

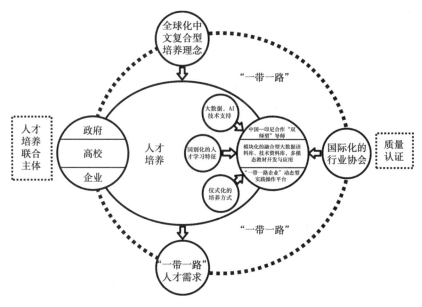

图 4-8　印尼国际中文人才高质量培养模式

　　推动"一带一路"倡议下的中国—印尼教育共同体建设,促进印尼国际中文人才培养模式构建,无论对于两国的文化教育合作还是政治经济往来都具有深远的区域价值乃至全球意义。中国与印尼有着深厚而源远流长的人文交流基础,双边高等教育领域的合作框架与机制陆续建立,这些务实性的合作成果为印尼中文人才培养奠定了良好基础。但是现实情况来看,印尼目前的教育形势复杂严峻,民族宗教信仰差异较大、经济发展水平极不平衡、宗主国的影响根深蒂固以及顶层设计滞后、体制机制不健全、政策法规缺漏等因素对人才培养起着阻碍作用。

因此,印尼中文人才培养要始终坚持政府引导、民间主体、社会参与原则,从三个方面进行着力:第一,在顶层设计方面,人才培养主体要做到目标清晰明确。第二,在具体操作层面,印尼中文人才培养要倡导先行先试,狠抓落地落实。因为印尼实行区域自治制度,基层的权利非常大,可以以"一带一路"倡议实施为契机,在地方上进行重点推进。第三,在学校人才培养合作方面,主动对接东盟大学规章制度。第四,在社会力量的参与方面,要坚持顺势而为,为"一带一路"印尼教育合作和人才培养提供相关法律支援、项目咨询、人员培训等服务。

与此同时,需要与印尼建立健全、系统的教育合作体制,培养"一带一路"建设所需的人才,促进以孔子学院为代表的教育资源的均衡布局。从全球的眼光来看,孔子学院及孔子课堂主要布局在英美等发达国家,有着 2.6 亿人口体量和巨大市场的印尼仅有 7 所孔子学院,并且这些孔子学院 4 所集中在首都雅加达所在的爪哇岛,苏拉威西和加里曼丹各有分布。因此,仍需要扩大与本地大学等机构的合作规模,使印尼中文教育的规模与其在与中国共建"一带一路"中的地位相匹配。其次,专业内容设置需布局均衡。目前孔子学院等教学机构的课程主要围绕语言与文化进行设置,而代表现代中国特色的中国路、中国桥、中国星等中国科技只有数量有限的鲁班工坊略有触及,需要以点对点的方式通过具体院校开展更加广泛的合作,中国思维和价值观教育也需要深入拓展。最后,来华留学生生源比例应保持均衡。根据教育部来华留学统计,2011 年,印尼在华留学生人数为 10957 人,排名第 7 位。虽然已经取得很大的成就,但是这些留学生的构成主要是华人华侨,需要平衡印尼主体社会的生源比例,据此使培养出来的学生回归印尼社会主流,对"一带一路"建设和文化交流起到更为实质性的推动作用。

随着"一带一路"建设工作向前推进,印尼政府很快认识到了培养一些人用中文与中国人打交道的重要性。中国教育部曾派人去雅加达创建一个中国研究中心，编写印尼八千所学校中文课程所需的中文课本。英国《金融时报》的记者蒂姆·约翰斯顿以《印度尼西亚努力加强与中国的关系》为题对相关事宜进行了专题报道。"一带一路"印尼国际中文人才培养主要在于激活人才"生长链"，汇聚强大的人才智慧和力量，激活人才的生长环境，使人才培养的生态系统国际化。

三、"一带一路"印尼国际中文人才培养体系

"一带一路"中文人才国别化培养是一个复杂动态的系统化过程，也是更具有针对性的人才培养模式，人才培养模式的构成要素包括培养理念、培养目标、培养主体、培养过程、培养评价等，"一带一路"国别化中文人才培养的理念是为建设人类命运共同体服务，培养目标是为"一带一路"建设提供人才支撑，培养主体包含来华留学生、沿线国家各层次中文学习者和本土中文教师，培养过程包含教师、教材、教法等内容，培养评价包括考试和质量评估等等。因此，要打造"一带一路"中文人才的国别化培养系统，首先必须建立四大支撑体系：(1)跨境中文教育合作体系；(2)国际人才培养过程体系；(3)国际中文人才质量保障体系；(4)国际中文人才培养支持体系。

（一）跨境中文教育合作体系

目前，中国与印尼的教育合作方式主要包括来华留学、孔子学院、院校合作等，其中孔子学院直接落地印尼，是中国与印尼进行教育合作的前沿阵地。"一带一路"倡议的提出对孔子学院发展而言是一个重要里程碑，基本上是"一带一路"推进到哪里，孔子学院建设到哪里，基本覆盖了"一带一路"轨迹所至的 6 大区域至少 65 个国家。可以明确看出，"一带一路"建设对于孔子学院建设有极大推动作用，而孔子学院对"一带一路"建设的作用主要表现为间接的经济效益，其本身应该肩负的教育合作、建构国家形象、传播语言和文化、取得价值认同等功能和作用发挥得并不均衡。

2015 年，欧洲首家孔子学院斯德哥尔摩大学孔子学院宣布关闭，释放了

一个明确的信号,尤其是近年来受新冠疫情和中美贸易战的冲击,以孔子学院为代表的中国对外教育合作面临巨大挑战。片面追求孔子学院的规模和数量,而忽视其本身应该承载的公共外交功能不但危及自身,也会引起其他国家对中国的误读与误判。因此,新形势下如何建立健全以孔子学院为代表的教育合作机制,使之更好地服务"一带一路"高质量发展,这些都是必须面对的重要议题。

教育合作形式需要立体化呈现。目前存在的教育形式主要是留学生选拔、语言文化培训、本地师资培训、文化交流会演等,作为教授语言、传播中华文化的桥头堡,作为为"一带一路"建设思想开道和实现价值认同的排头兵,这些活动大多停留在表面。因此,需要深入中国文化的核心,将开放包容、和谐共存、美美与共的共同体思想贯彻到课堂、教材与交流活动中。应考量多重主体的教育诉求,制定中长期发展规划,实现教育合作内涵式发展。通过制度化地开展教育交流活动,围绕"一带一路"建设举办常规性的高层研讨会,使中印尼专家能够集思广益、增进共识,努力为推动构建人类命运共同体贡献智慧。同时以展览、体验、讲座、学术论坛等多样化的手段展示出现代中国的科技成果,阐述这些成果以"一带一路"为载体为本地带来的红利及对印尼社会的重大意义,吸引更多的人一起参与"一带一路"建设,促进高质量发展。

"一带一路"国际中文人才培养的中外合作体系建设从本质上来说属于"一带一路"教育共同体的组成部分,它是中国与沿线国家精诚合作为"一带一路"建设提供精准化人才支撑的必要手段,而沿线国家由于文化的丰富多元、政治环境各异、民族情绪复杂,需要有一个逐步信任到紧密合作的过程,这一过程可以概括为:智库先行,联盟推进,合作落实。

1.智库先行

智库,英语称 Think-Tank,它是一个国家、地区或者机构发展的思想资源,中国社会科学院、国务院发展研究中心等大型智库不但是中国发展策略的擘画者,在国际上的影响也是举足轻重,它一方面因为高质量的研究成果在学术界树立权威地位,另一方面因为实际的调查和深入的分析为决策者所倚重,智库实际上架起了学术研究和政府决策之间的桥梁,为接下来的政策落实的推进奠定了基础。需要指出的是单个智库的作用是有限的,因为"一带一路"

建设是中国与沿线国家联动的结果,很多问题和方案需要中国和沿线国家共同面对,"一带一路"智库合作联盟可以作为问题研究的先行者,是民心相通的重要组成部分,以高端对话平台的优势,深入研究国际中文人才培养的问题,发挥资政建言和舆论引导的作用,也为下一步的合作提供理论基础和行动框架。

2.联盟推进

高校联盟是各教育主体建立在互信互利基础之上的多元沟通和系统治理平台,按照布迪厄所提出的"社会资本"概念,高校联盟是社会资源优化配置的产物,[①]目前的高校联盟限于一国之内的较多,诸如美国常春藤大学联盟、澳大利亚的八校联盟等,其高品质科研成果和高质量的学生培养凸显了联盟的成果,也为跨国高校联盟视域下的国际中文人才培养提供了成功的经验,这也是建设"一带一路"教育共同体、促进民心相通的必由之路。截至2019年,铺展到全球162个国家的550所孔子学院通过各自的影响和优势,为孔子学院战略联盟的建立提供了广泛基础,2014年3月在欧洲成立由6所孔子学院参加的全球商务孔子学院联盟是一个很好的开端,有利于逐步推进"一带一路"中文人才的国别化培养。

3.合作落实

经过"一带一路"联合智库先期深入调查研究和理论论证,高校联盟和孔子学院战略合作联盟不断推进,逐步完善"一带一路"中文人才国别化培养的顶层设计工作,也为下一步的密切合作打好坚实的基础,这种落实性的合作包括两个方面的内容:

首先,培养高层次复合人才的中外合作办学。"一带一路"倡议提出为中外合作办学创造了新的机遇,也赋予了中外合作办学为建设人类命运共同体服务的新使命,为"一带一路"建设提供人才,也为中国软实力提供支撑。[②]中外合作办学也经历了从偏居一隅到兼顾"一带一路"沿线国家的转变,[③]因此,

①　葛继平,郎朋.社会资本理论视角下区域高校联盟研究[J].教育评论,2016(4).

②　郭强."一带一路"视阈下的高等教育中外合作办学思考[J].高校教育管理,2017(6).

③　李硕豪."一带一路"建设人才培养形态转变论列[J].高校教育管理,2019(4).

"一带一路"中文人才培养也带有更多的国别化特征。不同的国家其历史、宗教、文化、政治、经济、法律、自然地理各不相同,唯有长期浸淫其中方能对一国之情况洞若观火。这种以"中文＋"为主导的高层次复合人才的跨国培养方式,使学生经过长时间的学习和生活,对中国国情感同身受,在学好知识的同时,也为共建"一带一路"搭建了人脉网络。

其次,培养国际化技术人才的校企合作。从本质上看"一带一路"倡议还是基于全球经济合作,最核心的内容是国家的前行和经济的发展,最终和沿线国家共同构建起人类命运共同体。从这个角度而言,"一带一路"国际中文人才培养的整体布局要契合"一带一路"建设的六大经济走廊、重要发展领域、重点推进国别、重大工程项目等规划路线,[①]经济合作的推进造成了"中文＋"技术人才的缺口,重视区域化和国别化特色的校企合作就成了培养"中文＋"技术人才的有效途径。

另外,在资本运作、组织创新和品牌打造方面,孔子学院的建设给跨境中文教育合作体系的建设提供了很多有益的借鉴,国家的支持对于跨境合作体系建设的启动起着至关重要的作用,但其长期健康的发展还有赖于稳定、规范而充裕的资金支持,可以借鉴欧美私立高校筹措资金的方式,即建立专门的基金会,并由专业的人士进行资金的募集、投资和管理。与此同时,跨境中文教育品牌的建设也至关重要。[②] 好的品牌可以加强捐资者的归属感和向心力,稳定资金来源。必须正视的是跨境中文教育合作是教育走出国门的伟大尝试,办学主体已经由我国单一方面转化为多方主体,根据组织形式,可以包括所在地政府、企业、智库、基金会、社会机构等等,顶层设计工作就显得格外重要,可以借鉴印尼协调机构的组织形式,通过组织创新发挥各方所长、兼顾各方利益,将跨境各中文教育合作主体凝聚力充分调动起来,形成一股合力,将跨境中文教育合作工作推向前进,更好地服务于"一带一路"建设。

---

① 辛越优,阚阅."一带一路"倡议下的高等教育合作:国家图像与推进战略[J].高等教育研究,2018(5).

② 倪好,周谷平,陈健."一带一路"倡议下中国高校境外办学:态势、障碍与出路[J].教育发展研究,2019(5).

通过"一带一路"所涉及的企业与高校的互动,高校根据"一带一路"企业实际所需有针对性地培养国际中文人才,企业也参与到课程的建设之中,校企互相发挥优势共建师资队伍和实践基地,[①]将科研和技术优势落实到课程中,共育拔尖人才,共同指导毕业设计,以学校和企业的利益共赢点为基础,以区域、国别和行业需求为导向,订单式地全程参与培养"一带一路"建设所需国际中文人才。

(二)国际中文人才培养过程体系

"一带一路"国际中文人才的培养主要体现在过程上,包括培养计划的制定和执行、教学活动的开展和教学质量的把控等,作为国际中文人才培养过程集中体现的核心是"三教"(教材、教师、教法)以及在这个过程中所涉及的学分和证书的认证问题。

1.作为国别化培养依托的教材开发

国际中文教材是教学内容、课堂设计等教学活动的直接体现,甚至教师的教学、教法的选择也必须依托教材才能进行,"一带一路"中文人才的国别化培养主要体现在教材的国别化方面,因此,国内外许多学者的研究焦点主要集中在教材领域。郑通涛教授立足于可供性理论视角,认为教材、使用者和环境是一个存在互动关系的综合体,具有复杂动态性和非线性涌现的特征。以培养国别化中文人才为目的的中文国别化教材必须体现出中文本体特征又能兼顾适用对象国的特点,区别汉字文化圈和非汉字文化圈,区别各国不同的文化特征,区分教学对象的差异性等等。李泉对教材类别做了通用型、区域型、语别型和国别型的详细区分,强调确立区域化和语别化的概念,加强区域化和语别化教材的研究和编写。还要建立起长期合作的中外教师编写团队,孔子学院总部可以作为国别化教材的统筹者,吸收国外一流学者和一线教师的研究成果和经验总结,并且以具有针对性的形式分层次展现出来,如专业的出版设计、网络学习课件、数据库语料及学习模块等。

另外,中文国别化教材的编写还应该以"一带一路"需求为培养内容、以培

---

① 赵艳林.突出区域特色,改革人才培养模式[J].中国高等教育,2016(7).

养效果为结果导向、以大数据分析结果确定教学资源、以国别化的学习者学习行为为修订依据,建立"一带一路"教学资源数据库,还要建立完善的中文国别化教材评价指标体系。只有把握好能反映国别化特征的教材的编写和使用,并且根据环境的变化不断地调整数据,进行实时修订,以更适应所在地、所在国的情况,"一带一路"中文人才的国别化培养才能落到实处。

2.作为国别化培养主导的教师队伍

中文学习者在教师的引导下系统地学习教材内容,教师是学习者和教材之间的中介。一方面教师根据国别化的教材写出教案,在整个教学活动中融入国别化或者在地化的思考,另一方面学习者在教师的引导下,结合自己的性格特征、知识结构、学习策略、认证风格、学习目标等特点,通过教材与教师发生互动,无论从哪个角度都可以看出教师作为中文国别化人才培养的主导作用。需要提及的是还应建立完善的师资流动体系,广泛的合作交流、互学互鉴才能使人才培养质量更上一个台阶。

3.作为国别化培养认证的学分证书

作为中文学习过程和效果的体现,学生通过国别化或在地化的中文人才培养系统所取得的学分和证书应该得到广泛的承认,学分是中外合作高校互认学位、互授联授的通兑货币,需要建立起与中国国内大学相应的学分转换系统,确定有效的学分互认标准,发挥"一带一路"跨国合作教育的优势,进行多样化的课程设置和具有普遍标准的评价体系。可以借鉴欧洲ESTC学分转换系统,保留学习者所处的地域的国情化特征,这样通过国别化方式培养出的国际中文人才,不但符合"一带一路"国际中文人才培养普遍性的整体要求,也符合"一带一路"建设所需的具体专业要求,通过学分互认和证书认证系统使国际中文人才具备很好的流动性,优化"一带一路"国际中文人才培养资源配置,更好地服务"一带一路"的建设。

4.重建技术环境下师生之间的新型关系

我们并没有否认学生自主学习的能力,只是学生自主学习的能力不应该被夸大,学习本来就是一件痛苦的事情,强迫学生成为技术的使用者尚可,而强迫其成为资源的整合者则非其能力所及,这无疑会加重学生学习的负担,使之在学习的道路上裹足不前。因此,提升学生学习效率的方法如下:

（1）采用1＋1教学模式。在充分利用现有网络资源的情况下，在远程网络教学中，由于学生上课时间的不确定性，教师不可能一直在线，我们采用一位专家教师加一位辅导教师的教学模式，辅导教师一直在线，随时接受学生反馈，并对学生的学习状况实时监控，随时发现问题，迅速做出反应，将问题提前解决。

（2）为学员建立学习档案。这点很多网站都已经在做，每个学生注册之后，建立档案，包含其背景资料和学习进度，这样教师可以对学生有更深层次的了解，以便于因材施教，最大限度地做到个性化教学，及时触发学生的兴趣点，保证教学效果，在线辅导员时时检测学生档案，确保教学目标已经达到。

（3）善用伴随性学习工具。学生大片集中的时间不多，但是零碎的时间却很多，我们用伴随性学习的方式深入到这些零碎的时间中，辅导教师要成为学生的朋友，运用电话、微博、聊天工具、电子邮件、facebook等方式，辅导教师就像人工服务台一样，但较之更为主动，一部分交给网络技术解决，网络技术不能完成的，则教师随时待命，根据反馈情况时刻引导学生，积少成多、集腋成裘，功到自然成。

（三）国际中文人才质量保障体系

"一带一路"倡议下中国与沿线国家的合作办学呈现出数量扩张和发展多样化的态势，在中外教育合作项目在迅速发展的同时，如何保障其质量，成了跨境教育质量监管领域关注的重点问题。考虑到沿线各国情况各异，以什么样的可观测的指标体系去衡量，打造什么样的可操作的质量保障体系，这是建设"一带一路"教育共同体最为重要的内容，本书认为中文人才培养质量保障体系可以划分为五个子系统：（1）中文教育课程控制系统；（2）中文课程质量监测系统；（3）中文教育质量服务系统；（4）中文教学质量评估系统；（5）中文教学质量信息系统。

1.中文教育课程控制系统

首先，要确立中文教育质量控制系统的宗旨和目标，必须要有一系列通过调查建立起来的质量保障体系的目标价值，能够吸引学生参与其中并提供更多的就业机会，还要得到国际业界的认可和审核。其次，要严格控制中文教育

图 4-9　国际中文人才质量保障系统分解图

系统实施的过程,形成联盟性质的核心竞争力,生成合理的学位项目课程体系并授予联合培养的文凭,要组建质量体系管理队伍,收集学生、教师以及相关机构反馈,以资完善和升级质量体系。再次,对中文课程结构的质量控制,课程体系的课型搭配、内容设置、学科融合等都需要体现以"中文＋"为核心的课程理念和价值取向,教学方法和手段的使用,与公司合作进行的项目交流或跨境实习等,都需要受到质量的监管。最后,中文教学质量的控制系统还要考虑到学生的期望,在符合"一带一路"建设人才需求的同时,也要做好学生职业生涯的推手,提升他们解决问题的能力,使其能够从容面对多元文化下国际环境的挑战。

2.中文课程质量监测系统

中文课程质量监测系统包括两个方面的内容:首先是对教育过程及教学资源的监测,提高教师教学法、语言表达、教学设计等方面的教学专业素养,兼顾团队协作和为学生制定个性化学习方案;其次是对参与"一带一路"国际中文人才培养的合作机构进行监测,包括对学生学习成果的监测、把教学质量管理末端检验转换为过程监督、定期对社会发布课程等相关内容增加透明度和公信力、颁发互联互通的学位学历证书等。

3.中文教育质量服务系统

中文教学质量的服务对象包括教师和学生。合作机构行政管理部门要以教师为本,改善其生活条件和工作条件,为其提供教学技能积累和学术成长的各项有利条件和成长的空间;与此同时,包括教师在内,教育合作机构的各项工作要以学生为中心,为其专业知识提升和职业发展服务,提供学习相关的便利条件,如图书馆建设、数据库建设和交流平台建设等等。

4.中文教学质量评估系统

分周期和方式对中文教学质量系统进行评估,按照学年、学期或自定周期的方式对中文教学的每个要素进行系统评估,可以采用单位自评或者相关单位交叉评估方式。

5.中文教学质量信息系统

为保障良好的教学质量和信息透明度,建设中文教学相关的信息系统十分必要,包括各国教育基本信息动态数据、驻外使领馆为代表的相关政府政策法规、世界各地中文学习者交流活动项目等,定期发布"一带一路"国际中文人才培养产业发展、专业研究等方面的有国际公信力的权威数据,及时公布中文专业人才发展方向、规格需求、数量、地域行业分布等信息。

（四）国际中文人才培养支持体系

"一带一路"国际中文人才的培养涉及相关的诸多组成系统,其中管理系统负责"一带一路"国际中文人才培养整体项目的规划和协调;培养计划的执行系统包括教师、教材和教法的遴选、编纂和使用以及学分的互换等等;人才培养的质量保障系统监督人才培养的全过程,从信息提供、服务保障到质量评估全方位的服务,这些构成了"一带一路"国际中文人才培养的整体过程。除此之外,"一带一路"国际中文人才培养不是孤立的个案存在,它是根植于国家发展之基、建设"一带一路"教育共同体浩浩荡荡的潮流之中,它需要横向的交流以促进共同发展,这些横向的交流与反馈系统本文称之为"一带一路"国际中文人才培养的支持系统,为此,我们需要从以下三个方面进行着手:

1.建立研究型智库

"一带一路"国际中文人才培养研究智库负责两方面的研究,一方面是借鉴目前国际上最先进的人才培养模式,以"一带一路"建设需求和国别化为导向进行精研和完善,使"一带一路"国际中文人才培养和人才培养事业立于国际前沿;另一方面是根据目前"一带一路"人才培养系统所反馈的问题不断地进行深入的研究,解决人才培养过程中的问题,排除中文人才国别化培养的障碍。该研究型智库是"一带一路"国际中文人才培养的核心竞争力和整个培养体系运行的有效保障。

2.大数据时代的新技术应用

网络技术的革新给"一带一路"国际中文人才培养提供了新的机遇,从教材的编写到课程的推进,大数据分析为我们提供了清晰的行动导图。各类数据库陆续建立,以此为基础结合互联网教育技术,联通国际中文学习资源平台和执行中文教学的平台,最终实现"一带一路"国际中文人才培养的互联互通、共享共建的新格局。

在网络远程教学中,网络只是属于"术"的层面,教学才是"道"之所在。面对网络技术的冲击,传统面授课堂的教师角色正在从传道授业解惑转换成资源的整合者、技术的使用者、教学的组织者等角色。的确,教师不再是知识的源头,但这并不妨碍教师在教学中的重要地位。新媒体的诞生不会促进旧媒体的消亡,只会促使旧媒体承担新的角色。同样,网络教学的普及不会淡化教师的角色,反而会加强教师的角色,教师的角色一部分被媒体所取代,但要承担着更多的角色,比以往任何时候都面临着更多的挑战,也比以往任何时候承担着更多的角色。

传播效果的优劣靠反馈来确定,它是一切传播行为的指标,在教学活动中,教学效果的优劣也是靠反馈支撑的,越多的反馈使我们教学活动中的不确定性越少,越能保障良好的教学效果。诚然,现在网络资源在某种程度上也能代替教师,完成反馈的任务,例如现在 HSK 和普通话的机考,以及很多的心理测试等等,他们确实完成了反馈,但是这种反馈多是集中在是非判断的基础上。在教学的过程中,对学生心理的把握、对学生态度的判断以及对学生问题的捕捉,还有顺势对学生进行的启发,这些目前计算机还无法完成。

目前,5G 时代正轰然来临,在此背景之下的国际中文教学资源研发和人才培养更应该和新技术紧密结合,学生国别化学习行为分析为基础的多重感官学习系统研发、国际中文教学语料库设计与研发和复杂动态数据的实时修订功能的开发显得非常重要。5G 背景下的 AI 和 VR 技术为"一带一路"国际中文人才培养提供了在场的教学环境,极大地提高国际中文人才培养的效率,建立在跨学科基础之上的中文教学资源开发为"一带一路"国际中文人才培养提供了广阔的前景,也为更具针对性和精细化的中文人才的国别化培养提供了更大的可行性。

3.打造人才培养学术交流机制

"一带一路"国际中文人才国别化培养是建设"一带一路"教育共同体不可分割的一部分,需要以各国国情为依托群策群力才能完成,因此,打造国际化的国际中文人才培养学术交流平台十分必要,成立"一带一路"国际中文人才培养协调机构,联络国内外各级政府、高校、智库等团体共同行动,打造常规制的"一带一路"国际中文人才国别化培养高峰会,促进不同国家、不同文化背景、不同学科视野下人才培养的学术研究交流,出版国际中文人才培养权威学术刊物,才能共同将"一带一路"国际中文人才培养推向前进。

总而言之,"一带一路"倡议下国际中文人才培养归根结底是在沿线各国不同的文化环境之内开展的,立足全球化的观点,需要培养的其实是深植本土文化之根的跨文化、多语化、重视在地文化体验的专业人才。① 从具体操作上而言,构建一个清晰明确的跨境质量控制体系非常重要和必要,明确目标责任人的内容、任务、反馈、调查、评估等,为推进"一带一路"国际中文人才培养和人才培养质量进一步提供方法手段,为每一位参与者提供优良的课程品质和增值服务,提升中文人才培养的品牌认知度,主动提升学生的教育选择与"一带一路"建设需求的匹配度,建立起互信互爱的深厚关系。②

总之,"一带一路"倡议下中文学习者国别化学习行为探讨的最终目的是如何根据学生的特点更加有效地培养人才。"一带一路"沿线各国的中文学习者因为相似的政治经济文化背景和历史传统,具备了具有相似文化观念和认知模式的群体性特点,这些文化观念和认知模式又通过群体传播不断得到强化和维持,而这个群体的单位基本上是以国家为单位呈现出来的,因此,从国别化的角度考量沿线国家中文学习者的学习行为是具有较好的覆盖性和较强的针对性的。从基础层面的针对中文学习者的国别化、地域化调查,到中间层面的教学策略选择、培养计划制定,再到顶层"一带一路"国际中文人才培养共同体建设规划和实施,中文学习者国别化的学习行为都将是出发点和归宿点,

---

① 李宇明.试论全球化与跨文化人才培养问题[J].文化软实力研究,2016(3).

② 郑通涛.构建中外合作办学质量保障体系[J].中外教育合作研究,2014(1).

它关乎更具针对性和有效性的"一带一路"中文国际人才培养和人类命运共同体建设大计,必须予以足够的重视。

地有南北,时有古今。中文内部的特征体系随时间和地域的改变而发生着微妙的变化。"一带一路"宏大图景之下蓬勃开展的"一带一路"国际中文人才培养工作,要想取得良好的人才培养效果,培养更具针对性的国际中文人才,在考虑到国家发展需要的同时,必须仔细考量沿线国家的历史传统、民族观念、政治环境、经济状况等等问题,国际中文人才培养不可避免地打上区域化或国别化的烙印。毕竟国际中文人才的培养是中国与"一带一路"沿线国家互动的结果,最终也将服务于"一带一路"建设的具体需求。

因此,"一带一路"中文人才的国别化培养至关重要,国别化中文人才培养相关的跨境教育合作体系、人才培养的课程体系以及人才质量保障体系需要进一步完善,唯其如此,国际中文人才培养的内容和素质才能和"一带一路"建设需求精准对接。另外,技术的发展为教学效果的提升提供很多的便利条件,并且会逐步缩小不同区域之间因物质条件的差异而形成的质量差异,如模块化的中文教学数据库、以移动互联网为依托的融媒体课程开发、AI 人工智能的发展等等,这些因素在提升人才培养质量方面将会发挥重要作用,但这并不能改变学习者的个性差异及所置身其中的国情、民情和地情,"一带一路"国际中文人才的国别化培养问题也将向着更深入的方向发展。

第五章　国际中文人才培养助力
高质量发展

　　"一带一路"倡议既是今后中国对外开放的总纲领，也是全面深化改革、共建人类命运共同体的总钥匙，对"一带一路"沿线国家的未来发展有着深远的历史影响。倡议从提出到落实十年时间，重点围绕"五通"进行的建设在全球范围内广泛开展，使"一带一路"倡议从愿景延伸到行动上，并取得了一系列令人瞩目的成绩。作为全球化治理的中国方案和中国表达，"一带一路"建设的特征体现在体量大、范围广、合作深入等方面，也就意味着其对人才的需求不但数量巨大，对人才素质的要求也紧贴"一带一路"在沿线国家和地区建设的实际需要，"一带一路"人才培养的内容和方式已经完全打破了传统人才培养的阈限。因此，本书首先要解决的问题就是厘清"一带一路"建设究竟需要什么样的人才，然后论述如何进行人才培养、人才培养模式应该怎样应用以及本书的创新和局限等问题。

第一节　研究结论

　　本书开篇已经详述目前国内外学者就"一带一路"人才的素质特征和内涵问题进行了积极的探索，在"一带一路"人才的内涵和特征研究方面基本取得了共识，至少是"中文＋专业"或者"中文＋其他能力"等。然而，人才的培养是一项系统化的工程，仅仅在培养的过程中将培养内容进行简单叠加是远远不够的，必须从整体系统着眼，进行融合培养，故而本研究提出"一带一路"国际中文人才的概念。

众所周知,语言是交流的工具、思维的工具,从个体出发,带有鲜明个人色彩特征的语言一定反映其个性化的思考方式和世界观;从民族国家出发,带有民族和国家特征的语言系统一定反映这个民族和国家的思维方式、组织制度和器物形态等方面,也可以笼统地概括为文化内涵。中华文明作为世界四大古老文明中唯一有文字存续的文明,其思维方式等文化特征等都沉淀在中文里,正如德里达所论,语言是存在的基础。① 从这个角度而言,包含在中文中非常重要的内容便是思维方式。从历史上的"陆上丝路""海上丝路"到今天的"一带一路",中华民族在不断的交流融合中创生创新。从古文明的华彩乐章到今天的"中国制造""中国路""中国港""中国技术",这些科学的发展和技术的创新都在语言中沉淀,因为科技思维首先是一种文化思维和语言思维。一种语言代表一种独特的思维方式,也是一个民族的人文风情、认知能力的综合体现,决定了一个民族的科学思维范式和表达形式,某种程度上来说,一种语言的世界普及方式和程度,直接影响一国科技成果的数量、质量及其对世界的影响。②

"一带一路"建设的实质是中国完备的工业体系和先进的技术走出国门服务世界。在这个进程中,合作交流和技术传递的语言媒介理所应当是中文,培养的人才自然也是"一带一路"国际中文人才。以此为出发点,我们根据"一带一路"建设的需求,明确提出"一带一路"国际中文人才培养的六大核心要素,即:(1)树立全球观、多语言、跨文化、跨学科、复合型的培养理念;(2)确立直接服务于"一带一路"建设的培养目标;(3)中外合作背景下的政府、企业、高校、智库等多元培养主体;(4)以中文交际能力为核心的跨专业培养内容;(5)在地化的"一带一路"国际中文人才培养方式;(6)与"一带一路"沿线国家合作打造国际化的国际中文人才培养评价体系。围绕上述六大要素,以复杂动态理论的视角对"一带一路"国际中文人才在宏观、中观和微观三个层面进行立体化考察,分别构建出"一带一路"国际中文人才的总体理论模型、"一带一路"建设所覆盖六大区域的区域化国际中文人才培养模式以及"一带一路"国别化国际

---

① 雅克·德里达.书写与差异[M].张宁,译,北京:生活·读书·新知三联书店,2001.

② 孙宜学.完善科技评价体系吸纳全球创新成果[N].解放日报,2020-03-10(9).

中文人才培养模式。

　　"一带一路"语言铺路;国家出行,语言先行;语言先行,人才先行。在人才培养的具体工作中,要发挥中国语言学界固有的本土意识和家国情怀的文化优势,共情共通,推动中国语言研究从本土走向世界,努力研究解决中文在多学科教学中的应用问题。此外,还必须深入研究语言在全球治理中的作用,完善"一带一路"建设相关的语言规划,探索"一带一路"倡议下国际中文人才培养模式的落实方案,借助并善用"一带一路"建设平台,积累人才资源,逐步培育出以中文和中国科技思维为基础的世界创新平台,把全世界的智慧吸引到中国,共同开发,拓展中国全球治理体系下的中文战略规划能力。

　　对于"一带一路"人才的培养问题,目前中国各级政府、科研机构和高校都积极响应并付诸实际行动,"一带一路"科学共同体、区域化的教育共同体和中外联手合作的创新共同体初步成型,科学技术人才的培养工作已经纳入规程,科技创新能力稳步提升,科技教育资源也通过"一带一路"建设平台实现共建共享。中国主导的世界范围内的科技合作项目已经初成体系,且已普惠于很多国家的民众生活,以中文为载体的科技成果完全可以自主服务于世界,也完全可以在独立自主基础上与其他国家的科技、文化和生活深度融合。

第二节　应用价值

　　"一带一路"建设应对接沿线各国发展对人才的需求,寻求中外教育合作最佳契合点,有针对性地开展人才培养培训合作。本研究旨在培养大批与"一带一路"建设需求相适应的各类专门人才,这是持续深入推进"一带一路"建设的重要支撑和有力的人才保障。总而言之,人才动态数据库及分析结果可以服务"一带一路"区域人才战略规划及人才智库建设,也为其他沿线国家中文人才培养、管理及规划提供对策参考。本研究对"一带一路"印尼中文人才培养指标体系构建及要素分析的结果,例如印尼中文学习者学习行为特征分析等,可用于智慧教学决策和个性化学习方案的制定等。基于需求和问题导向构建的"一带一路"印尼中文人才培养模式,为"一带一路"沿线国家国别化人才培养相关教学、科研、管理、推广机构提供参考和借鉴。本研究成果为"一带一路"建设所需的国际中文人才的本土化培养、中外合作办学、人才联合培养描绘了清晰的路径,为人才供给侧的结构性改革提供政策性依据,也对高等院校人才培养制度改革和政策制定具有一定参考价值。"一带一路"倡议下国际中文人才培养模式的应用价值主要体现在以下三个主要方面:

一、为顶层设计层面的国家人才政策制定提供参考

本研究直面新时期高质量发展要求对"一带一路"的挑战,对接印尼建设发展的实际需求,研究可为创新"一带一路"国别化人才培养的理念、途径、模式与机制,提升教育服务"一带一路"高质量建设的能力提供重要参考依据,为推动人才共同体建设、实施"人才国际化"战略提供决策依据,为中国的全球治理策略提供人才培养制度与政策方面的理论支撑。

基于"一带一路"建设需求和问题导向而提出的国际中文人才培养模式,可为国家语言文化推广战略提供服务;为沿线国家人才培养的相关教学、科研、管理、推广机构提供借鉴;为创新"一带一路"人才培养的理念、途径、模式与机制,提升教育服务"一带一路"建设的能力提供重要参考依据;为推动人才共同体建设、实施"人才国际化"战略提供决策依据;为中国的全球治理策略提供人才培养制度与政策方面的理论支撑。

二、为中国高校人才培养制度的全方位改造提供依据

"一带一路"建设对中国高等教育提出了严峻的挑战,也给高等教育中的国际化人才培养提出了更高的要求。站在目前国内的人才培养布局角度来看,高等学校人才培养体系尚未充分考虑到"一带一路"人才培养的目标和诉求。截至目前,"一带一路"背景下的人才培养项目达到近万多个,其中很多并没有纳入高校的人才培养机制与体系之中。不同层次、类型、区域的高校要结合人才培养定位,服务"一带一路"的目标要求,中国高等教育人才培养要实现国际化发展战略的目标及人才培养体系,高效构建产教融合的人才培养平台,

共建"一带一路"教育共同体。

高校的人才培养要把"一带一路"建设诉求融入办学模式中，进行学科调整建设，进行国别化人才培养，培养造就专门人才，服务"一带一路"建设可持续发展。通过订单式培养人才，针对"一带一路"建设中的问题、主要的大项目以及不同国家各自侧重点来建立人才培养方式。搭建"一带一路"国际教育合作平台。[①]"一带一路"倡议下的国际中文人才培养模式研究对高等院校人才培养制度和政策改革具有一定参考价值。

"一带一路"倡议本着"互联互通、合作共赢"的原则共建"人类命运共同体"，这一战略的实施既有国家的硬实力开路又有软实力支撑，人才是国家软实力最重要的体现，高等教育是人才强国战略实施的重要途径，为"一带一路"建设提供重要人才保障。中国是"一带一路"建设的倡导国，与沿线各国相比理应承担更多的责任和义务，"一带一路"建设为区域高等教育开放、交流、融合提供了机遇的同时也带来了挑战。由于"一带一路"人才需求不同、沿线国家语言文化存在差异，我国高等教育的人才培养模式不能依然停留在之前的状态，需要根据"一带一路"建设所需进行全方位的改造。

当前国家政策支持鼓励有条件的高校主动适应我国经济社会发展特别是"一带一路"战略需要，积极开设非通用语种本科新专业。目前我国高校开设的非通用语种基本实现已建交"一带一路"沿线国家官方语言全覆盖，当前全国高校非通用语专业基本采取三种人才培养模式：复语型、复合型和复语复合型。梳理统计数据和相关文献，发现在"一带一路"建设大背景下，部分高校虽然在人才培养模式上有所创新，但总体看高校自身存在培养目标不明确、培养体系不健全、培养模式单一、教材陈旧、课程设置理论与实践脱离、缺少实践环境、"双师型"师资匮乏等问题，高校现有的人才培养模式不适应"一带一路"建设和市场对人才所提出的要求。

基于此，本书所提出的"一带一路"倡议下的国际中文人才培养模式对目前高校的人才培养体制全方位改造提供了明确的路径：一是在人才培养主体方面实现有效突破，实现国际化人才培养的联动机制，突破培养主体之间的壁

---

① 郑通涛.海内外学者畅谈"一带一路"文教融合与人才培养［EB/OL］.（2017-05-20）.http://www.chinanews.com/sh/2017/05-20/8229612.shtml.

垒,包括如何实现与所在国联合培养、与企业联合培养、大学与大学的合作培养,打破人才培养主体的限制与约束;二是培养理念设置方面必须树立全球观和跨文化、跨学科意识;三是培养目标必须明确为"一带一路"建设提供人才支撑;四是课程的设置必须反映"一带一路"的需求,即培养中文交际为主的跨专业复合型人才;五是高校可以根据自己的优势选择合适的中外合作办学模式,有针对性地进行国别化、专业化培养;六是根据"一带一路"沿线国家的教育政策,加强合作,打造符合国际标准的人才评价体系。另外,高校应该紧紧围绕国家工作的核心任务,聚焦国内薄弱、空白、紧缺学科专业,弥补人才培养过程中的短板、创新人才培养模式,提升人才培养质量,为"一带一路"建设输送高素质复合型人才。

三、为国际中文人才的国际化培养实践指明方向

"一带一路"在沿线国家的建设,互联互通是前提,教育及人才培养是基础和关键。目前学术界对"一带一路"沿线国家教育与人才培养的比较研究尚处于较为薄弱的阶段,对如何满足"一带一路"沿线各国对人才实际需求和解决人才培养瓶颈问题的研究力度不够。本研究通过对印尼为代表的"一带一路"主要国家和地区的人才现状与当地经济发展的互动关系的探讨,根据人才动态数据分析的实际结果对当地主流行业人才培养、管理及规划提出相应对策,最后构建出不同层次的立体化的人才培养模式,为"一带一路"国际中文人才的国际化培养指明了方向,并通过个案研究对针对沿线各国教育与人才培养的"一国一策"的国别化研究提供了范式。主要体现在以下三个方面:

(一)设立"一带一路"人才培养中心

正如上文所论,"一带一路"国际中文人才培养体系的构建属于顶层设计的工作,是在"一带一路"背景之下根据现实所需、整合各方面有利资源建立独立、高效、更有针对性和广阔前景的人才培养体系。正如孔子学院的设立,可以以国家为主倡者,在世界各地大学生根发芽,传播中文和中华文化。不同的是孔子学院代表着国家的意志,是传播国家形象和文化交流的阵地,而"一带

一路"人才培养中心则是为"一带一路"建设工作培养各层次人才,做的更倾向于实绩性的工作。

"一带一路"人才培养中心可以仿效孔子学院,国家设立"一带一路"人才培养总部,体现国家倡导的指导性作用,也只有政府才有力量将"一带一路"企业和相关智库整合在一起,然后根据国家和地区的情况分层次、分行业地建立国别化或地域化的人才培养分中心。以"一带一路"现实需求为导向,这些地域的、行业的、层次性的"一带一路"人才培养基地可以充分地发挥地域优势或行业优势,培养出高质量的人才,例如中国科学院和义乌市政府合作成立的"一带一路"人才培养基地,可谓得风气之先,还需要进一步深化、贯通和普及。

人才培养的运行机制方面,可以仿效德国和法国所做出的努力,实行"公共—私人伙伴关系"的方式,鼓励企业和具有区位和专业优势的组织参与,一方面可以发挥他们的专业所长、提高人才培养的效率、减轻政府的财政负担;另一方面也可以充分调动民间的力量,加大国际间合作的力度,减少给国际社会留下政府干预的负面形象。这样切合所需、适时而做的"一带一路"国际中文人才培养中心必将受到"一带一路"沿线国家和人民的欢迎。

（二）优化现有的中文人才培养模式

回归到"一带一路"国际中文人才的培养现场,现有的几种国际中文人才培养模式:孔子学院、校地合作、校企合作、校智合作、高校联盟,以及"一带一路"沿线国家的三语学院、中文系或以中文为中介语的专业教育等等,一些先期的调研显示基本上都存在资源的匮乏或重叠浪费、"三教"问题、生源不足等情况,新的人才培养模式可以为这些人才培养机构优化自身资源、扩大对外合作、提高培养效率和人才培养针对性起到很好的借鉴和补充作用。

"一带一路"国际中文人才培养的主体不但包括服务于"一带一路"建设的学生,还包括在地培养这些学生的师资力量;培养内容已经超出了单纯的中文本身,包括外语、专业以及交际能力等等,概括起来就是"中文＋";培养方式方面,学分互认、证书融通等国际间的紧密合作是大势所趋,跨文化、跨学科、跨校园多元化培养成为新的主流;政府引导、高校落实、企业反馈、智库研究等等共同组成人才培养评价队伍,实践和理论的紧密结合建立起健全的人才培养评价体系,通过这一系列的过程完善"一带一路"国际中文人才培养模式。

(三)中文人才培养系统的国际化拓展

"一带一路"倡议下的国际中文人才培养是一项系统工程,其人才培养要素随沿线国家国情不同而发生改变,具有复杂动态的特征,因此,本研究所提出的"一带一路"国际中文人才培养模式对人才培养的国际化拓展有如下借鉴作用:

1."一带一路"背景下的国别化人才培养体系构建

构建适应各国实际的国别化人才培养体系,重点在于国别化教材的开发、本土化教师队伍建设、适应沿线各国产业发展需求的多层次、本土化、复合型专门人才的培养,以及构建布局合理、功能多样、覆盖全面的"一带一路"人才培养的教育网络体系等具体问题,为形成以需求和效果为导向的教育人才培养的学术话语体系提供学术支撑。

2."一带一路"背景下的在地化人才培养体制调整

在"一带一路"沿线国家教育与人才培养比较研究的基础上,深入探讨体现"一国一策"的教育进入各对象国的机制与体制,建立健全符合各国教育实际需求的人才评估体系和人力资源体系,推动沿线国家教育和人才培养的内涵式发展。

3."一带一路"背景下的国际化人才培养实践

目前,"一带一路"建设迫切需要"行业＋"复合型专门人才,随着"一带一路"建设的发展,越来越多驻外中资企业普遍面临着双语技术人才短缺的困境,当地国民对学习和了解中国语言文化、进入中资企业工作也有着十分旺盛的需求。国家目前特别强调职业教育与技能教育的重要性,为有针对性地开展沿线国家职业教育培训、编写国别化职业速成教材,以及构建以产业需求和就业能力为导向的在地化人才培养模式提供导向作用。培养服务各国经济建设的多元化、实用型人才,推动专门用途教育在"一带一路"沿线国家的推广。

4."一带一路"沿线国家人才培养要素调整

教学是教育与人才培养的主要途径和方式,为此需要进行针对沿线国家教学过程及瓶颈问题的比较研究,其中涉及各国教学机构、教学标准、教材使用及本土教材编写、教学案例、课堂教学设计、教学管理、测试评估、语料库建设、本土师资培训、人才评价系统及现代教育技术应用等方面的比较研究,进而探索有效提升各国教育和人才培养质量的途径与方法,并提出解决问题的对策和建议。

5.完善"一带一路"背景下的人才培养服务体系

构建并完善"一带一路"沿线国家的人才培养服务体系研究,着重探讨沿线各国教育教学的语料库、教材库、教学案例库、人才库及云教育平台的建设问题,更好地为人才培养提供保障服务。

6.确立"一带一路"背景下的人才培养教学标准与能力标准

充分发挥沿线国家孔子学院和孔子课堂的作用,有效搭建人才培养的中外合作交流平台,科学制定适应沿线国家实际的人才培养的教学标准和能力标准。人才培养的教学标准主要指课程标准,它是教材编写、教学、评价与考试命题的依据,具体包括课程如何制定,教学计划及教学大纲如何设计等。目前,教学和教师标准主要参考国家汉办指定的《国际能力标准》《国际教学通用课程大纲》《国际教师标准》。很显然这些大纲仅适用于通用型人才,"一带一路"不仅需要通用型人才,更需要多层次、复合型、国别化的人才。中外合作制定面向"一带一路"的区域化教学标准和教师标准,有利于推动沿线国家复合型人才培养质量的有效提升。

第三节　发展前景

"一带一路"印尼国际中文人才的高质量培养必须切合印尼社会的真实需求。教育的目的在于培养社会所需的人才,作为推动印尼社会经济发展的重大议题,"一带一路"建设亟需的是大量基础性技术人才,而以语言文化为主的孔子学院,无论规模方面还是专业设置方面都无法满足。从功能上来看,以孔子学院为代表的教育机构总是作为中国官方形象发挥作用,把孔子学院功能的侧重点局限在宣传方面,不但缺乏对两国人民共同关注议题的系统解读,更引起了一些国外人士对孔子学院的警惕。不但如此,孔子学院所呈现的中国文化和中国形象应保持时代性,避免让印尼人民以传统守旧的中国印象代替开放包容的现代中国。

因此,需要以"一带一路"建设为需求导向,以工业园区建设为抓手,以孔子学院、鲁班工坊等合作项目为平台,切合印尼社会对人才的真实需求,落实印尼卡拉副总统的提议,制度性地培训本地技术工人,规模化高质量培养人才,增加本地就业。作为技术性人才培养机构的鲁班工坊则是切合所需的有益探索,目前,印尼这方面的工作从东爪哇第二职业技术学校刚刚开始起步,这与"一带一路"的实际需求仍存在较大落差,需要有针对性地精准布局。印尼总统佐科维高度重视并亲赴鲁班工坊考察,印尼教育部也将其指定为国际化人才培养基地,有利于"一带一路"行稳致远地发展。

本书可为国家语言文化推广战略提供服务,有效服务国家人才发展战略。尤其是基于需求和问题导向的国别化人才培养策略的研究,可为"一带一路"沿线国家人才培养的相关教学、科研、管理、推广机构提供参考和借鉴。其对"一带一路"主要国家和地区的人才现状与当地经济发展的互动关系的探讨,可促进"一带一路"人才智库研究的多样化和纵深化发展,研究思路和成果对"一带一路"人才战略与区域经济发展研究具有一定的借鉴作用。对"一带一路"主要国家的人才成长的现状进行考察,分析当地主流行业人才与各国GDP地位的隐含关联,根据人才动态数据分析的实际结果对当地主流行业人才培养、管理及规划提出相应对策,有助于"一带一路"沿线主要国家的人才战略规划及人才智库建设与完善。另外,本研究有助于促进高等院校人才培养制度和政策的改革。国内高校和人才培养机构不能以传统的传授知识为主,而是要以培养能力为主,着力培养学生的学习能力、分析解决问题的能力、创造性思维的能力和动手的能力,切实改变高分低能的现象。

"一带一路"倡议下国际中文人才培养模式是在对沿线 6 大区域至少 65 个国家的文件和数据进行系统化分析的基础之上提炼出来的,因为"一带一路"涉及地区和国家众多,从宏观层面尚能立足顶层设计的视角,对"一带一路"倡议下的国际中文人才培养模式进行整体上的分析构建;涉及中观层面"一带一路"区域化的国际中文人才培养模式时,很难穷尽式地阐述和分析这一区域人才培养要素特征的方方面面,只能提取该区域特征的最大公约数,再以此为基础构建区域化的人才培养模式;学者们对人才培养模式的宏观探讨为微观层面国别化人才培养模式的构建提供了借鉴,本研究选取印尼这个相对具有代表意义的国家进行研究,最终构建出这个国家的人才培养模式,提供了"一带一路"倡议下一种国别化国际中文人才培养模式研究的范式,为将来进一步的研究指示了方向。

中国对"一带一路"沿线国家的贸易投资是物质基础,也是教育区域融合发展的现实需要,在"一带一路"建设对人才的真实需求下,本书所构建的国际中文人才培养模式有着针对性强、效率高、节省资源、流动性强等明显的优势。要保障人才培养模式的有效性和工作效能,必须注意以下几个方面的问题:(1)协调好政府、智库和"一带一路"企业之间的关系;(2)加强三个数据库的建设,即"一带一路"人才需求数据库、模块化的课程设计语料库以及"一带一路"人力资源库;(3)要注重新技术的使用,5G 时代的来临、AI 技术、融媒体等都对人才培养方式、周期和效果起着重要的影响;(4)注重跨文化环境中培养和发展学习者的交际能力;(5)注重人才培养品质为保证的国际品牌传播。

国际中文教育要在新时代为构建人类命运共同体服务,为人类贡献中国智慧。"一带一路"国际中文人才培养模式的构建属于顶层设计工作,本文的研究意义在于以"一带一路"国际中文人才的真实需求为导向,考量到人才培养各变量的影响,综合构建出适合"一带一路"沿线各国国情的国际中文人才培养模式,作为"一带一路"建设的人才支撑,具有非常广阔的应用前景。

"一带一路"倡议是人类命运共同体建设的伟大实践,也是中国对沿线国家教育合作的重大实践,它关乎印尼为代表的东南亚各国人民的安危和利益,需要共同维护。2021 年 11 月,习近平出席并主持中国—东盟建立对话三十周年纪念峰会,并发表《命运与共 共建家园》的重要讲话,正式宣布建立中国—东盟全面战略伙伴关系,这不仅在双方关系史上具有里程碑意义,也使中印尼共建"一带一路"高质量发展迈出更加坚实的一步。

作为中国周边命运共同体,在政治、经济和文化方面,印尼都与中国有着诸多深层次交集。从愿景和取径上而言,印尼国际中文人才培养旨在以和平的方式和包容的态度建立人类命运共同体,习近平在印尼首次提出建设"21

世纪海上丝绸之路"倡议,沿着历史的轨迹再次扬帆出海,以区域经济发展和全球治理赤字为问题导向,建设内容覆盖政治互信、经济合作、文化交流等诸多方面。与此同时,印尼总统佐科维当选之后将印尼的战略全线转向海洋,其提出建设"全球海洋支点"战略与"一带一路"倡议交集较多。需要通过完善的沟通协调机制,构建相互尊重、公平正义、合作共赢的新型国际关系,对"一带一路"建设存在的问题给出妥善的解决方案。

目前,虽然世界经济遭遇逆全球化的冲击,中美两国在印尼的各关键领域展开了激烈的角逐,但并没有改变全球政治整体和平、局部紧张的格局。因此,当传统外交遭遇瓶颈时,以国际中文教育为代表的教育合作成为促进中国与印尼关系向纵深方向发展,并在大国博弈中取得优势的必然选择。如何突破传统外交瓶颈,如何向前推进共建"一带一路"高质量发展,成为必须关注并且亟待解决的课题。本研究聚焦国家软实力为代表的国际中文教育,探讨如何通过对印尼展开国际中文人才培养促进中印尼共建"一带一路"高质量发展,运用复杂动态系统理论研究如何完善可持续的人才培养制度建设,这对促进东南亚地区的和平发展与繁荣稳定,对持续发挥中国在东南亚的影响力,对建设人类命运共同体意义深远。

高质量发展的关键在于机制建设、可持续发展,中国率先倡导和平共处五项原则和"万隆精神",坚守国际关系基本准则,平等相待、和合与共,为国际化的人才培养机制建设奠定了良好的基础。今天,梳理中印尼共建"一带一路"过程中出现的种种问题,其原因主要在于缺乏健全而系统的人才培养机制;在高质量发展的新阶段,必须从顶层设计走向基层落实,从宏图写意走向工笔细描,从框架合作走向可持续的机制建设,并通过高质量构建人才培养机制,应对"一带一路"建设出现的问题,服务高质量发展。唯其如此,中印尼共建"一带一路"高质量发展才能前景可望、前途可期。

参考文献

一、学术著作

[1] 吕必松.对外汉语教学概论(修订版)[M].北京:北京大学出版社,2005.

[2] 刘珣.对外汉语教育学引论[M].北京:北京语言大学出版社,2007.

[3] 赵世举,黄南津,主编.语言服务与"一带一路"[M].北京:社会科学文献出版社,2016.

[4] 北京大学课题组."一带一路"沿线国家五通指数报告[C].北京:经济日报出版社,2017.

[5] 王辉."一带一路"国家语言状况与语言政策:第1—3卷[M].北京:社会科学文献出版社,2015—2019.

[6] 国家信息中心"一带一路"大数据中心."一带一路"大数据报告[R]. 北京:商务印书馆,2018.

[7] 亨利·基辛格. 世界秩序[M]. 胡利平,等,译,北京:中信出版社,2015.

[8] 斯塔夫里阿诺斯.全球通史:1500年后的世界[M]. 梁赤民,吴象婴,译,上海:上海社会科学院出版社,1999.

[9] 尼古拉斯-塔林. 剑桥东南亚史[M]. 贺圣达,等,译,昆明:云南人民出版社,2003.

[10] 杰弗里·帕克. 地缘政治学:过去、现在和将来[M]. 刘从德,译,新华出版社,2003.

[11] 尼古拉斯·斯皮克曼. 和平地理学[M]. 刘愈之,译,北京:商务印书馆,1965.

[12] 马汉.海权论[M]. 萧伟中,梅然,译.北京:中国言实出版社,1997.

[13] 塞缪尔·亨廷顿.文明的冲突与世界秩序的重建[M].周琦,等,译.北京:新华出版社,1998.

[14] 索尔·科恩.地缘政治学:国际关系的地理学[M].严春松,译.上海:上海社会科学院出版社,2011

[15] 滕尼斯. 共同体与社会[M].林荣远,译,北京:商务印书馆,1999.

[16] 斯波斯基.语言政策:社会语言学中的重要议题[M].张治国,译.北京:商务印书馆,2011.

[17] 于建忠,范祚军. 东盟共同体与中国—东盟关系研究[M].北京:人民出版社,2018.

[18] 李化树. 中国东盟高等教育共同体建设行动框架[M].北京:中国社会科学出版社,2017.

[19] 林金辉. 高等教育中外合作办学研究[M].广州:广东高等教育出版社,2010.

[20] 马方方. 中美软权力博弈东南亚[M]. 北京:中国社会科学出版社,2017.

[21] 吴琳. 冷战后中国周边地区政策的动力机制研究[M]. 北京:中华书局,2016.

[22] 王灵桂,赵江林."周边命运共同体"建设:挑战与未来[M]. 北京:社会科学文献出版社,2017.

[23] 石源华. 中国周边外交十四讲[M]. 北京:社会科学文献出版社,2016.

[24] 许利平,等. 中国与周边命运共同体[M].北京:社会科学文献出版社,2016.

[25] 郑通涛. 国际汉语教育背景下的语言跨学科研究[M]. 广州:世界图书出版公司,2017.

[26] 郑通涛. 汉语话语言谈标志的理论及个例研究[M]. 厦门:厦门大学出版社,2009.

[27] 曹云华. 东南亚国家联盟:结构、运作与对外关系[M]. 北京:中国经济出

版社,2011.

［28］王子昌.东盟外交共同体:主体及表现[M].北京:时事出版社,2011.

［29］李义虎.地缘政治学:二分论及其超越——兼论地缘整合中的中国选择[M].北京:北京大学出版社,2007.

［30］刘从德.地缘政治学导论[M].北京:中国人民大学出版社,2010.

［31］胡键.一带一路战略构想及其实践研究[M].北京:时事出版社,2016.

［32］财新传媒编辑部.“一带一路”引领中国[M].北京:中国文史出版社,2015.

［33］王义桅.“一带一路”:机遇与挑战[M].北京:人民出版社,2015.

［34］王义桅.世界是通的:“一带一路”的逻辑[M].北京:商务印书馆,2016.

［35］“一带一路”课题组.建设“一带一路”的战略机遇与安全环境评估[M].北京:中央文献出版社,2016.

［36］葛剑雄,等.改变世界经济地理的“一带一路”[M].上海:上海交通大学出版社,2015.

［37］拉尔森-弗里曼,丹妮·卡梅伦.复合系统与应用语言学[M].上海:外语研究与教学出版社,2017.

［38］阿维纳什·迪克西特,维克多·诺曼.国际贸易理论:对偶和一般均衡方法[M].北京:中国人民大学出版社,2011.

［39］许勤华.中国国际能源战略研究[M].广州:世界图书出版广东有限公司,2014.

［40］周幸巧.东南亚华文教育[M].广州:暨南大学出版社,1996.

二、期刊论文

［1］陆俭明.顺应科技发展的大趋势语言研究必须逐步走上数字化之路[J].外国语,2020(4).

［2］李宇明,唐培兰.国际语言传播机构发展历史与趋势[J].世界汉语教学,2022(1).

[3] 赵杨."自我"与"他者"视角下的国际中文教育主体间性研究[J].民族教育研究,2021(5).

[4] 崔希亮.全球突发公共卫生事件背景下的汉语教学[J].世界汉语教学,2020(3).

[5] 李宝贵,刘家宁.新时代国际中文教育的转型向度、现实挑战及因应对策[J].世界汉语教学,2021(1).

[6] 吴应辉,梁宇.交叉学科视域下国际中文教育学科理论体系与知识体系构建[J].教育研究,2020(12).

[7] 马箭飞,等.国际中文教育教学资源建设 70 年:成就与展望[J].天津师范大学学报,2021(6).

[8] 潘懋元.新时代中国高等教育改革与发展:今天、明天与后天[J].高等教育研究,2020(9).

[9] 邬大光,陈祥祺.高等教育"深水区"与大学转型发展[J].中国高教研究,2021(12).

[10] 叶澜.新时代中国教育学发展之断想[J].中国教育科学(中英文),2021(5).

[11] 李泉.新时代对外汉语教学研究:取向与问题[J].语言教学与研究,2020(01).

[12] 郭熙.新时代的海外华文教育与中国国家语言能力的提升[J].语言文字应用,2020(4).

[13] 文秋芳,杨佳.从新冠疫情下的语言国际教育比较看国际中文在线教育的战略价值[J].语言教学与研究,2020(6).

[14] 钟英华.汉语国际教育专业学位水平评估的方向和质量导向[J].天津师范大学学报,2021(1).

[15] 邢欣,宫媛."一带一路"倡议下的汉语国际化人才培养模式的转型与发展[J].世界汉语教学,2020(1).

[16] 赵金铭.如何建设国际中文教育资源体系[J].语言战略研究,2021(6).

[17] 刘宝存,张惠."一带一路"视域下跨区域教育合作机制研究[J].复旦教育论坛,2020(5).

[18] 沈骑.全球治理视域下的中国语言安全规划[J].语言文字应用,2020(2).

[19] 吴勇毅.论情感在教师汉语二语教学中的重要作用:基于叙事的探究[J].华文教学与研究,2019(4).

[20] 姜丽萍,王立,王圆圆.美国《21世纪外语学习标准》发展研究[J].世界汉语教学,2020(2).

[21] 郭晶,吴应辉.大变局下汉语国际传播的国际政治风险、机遇与战略调整[J].云南师范大学学报,2021(1).

[22] 魏晖,等."国际中文教育工程化问题"大家谈[J].语言教学与研究,2022(1).

[23] 黄国文,哈长辰.生态素养与生态语言学的关系[J].外语教学,2021(1).

[24] 郑艳群,朱世芳.基础汉语综合课教学结构和过程理论模型研究[J].汉语学习,2020(1).

[25] 吴晓昱,魏大为.复杂科学视域中的应用语言学:《复杂系统与应用语言学》述评(2012)[J].外语教学,2015(3).

[26] 王涛.动态系统理论视角下的复杂系统:理论、实践与方法[J].天津外国语大学学报,2011(6).

[27] 王士元.语言是一个复杂适应系统[J].清华大学学报(哲学社会科学版),2006(6).

[28] 郑咏滺,温植胜.动态系统理论视域下的学习者个体差异研究:理论构建与研究方法[J],外语教学,2013(3).

[29] 戴运财,王同顺.基于动态系统理论的二语习得模式研究:环境、学习者与语言的互动[J].山东外语教学,2012(5).

[30] 郑通涛.复杂动态系统与对外汉语教学[J].国际汉语学报,2014(2).

[31] 黄国文.生态语言学的兴起与发展[J],中国外语,2016(1).

[32] 郑通涛.社会语言学视角下的对外汉语教学改革[J],海外华文教育,2011(3).

[33] 陈茜.语言生态学和生态语言学辨析[J],湖北大学学报(哲学社会科学版),2014(4).

[34] 郭旭,陶陶,黄丽君.大数据视野下西亚北非与中国经贸合作人才需求与培养模式分析[J],海外华文教育,2017(8).

[35] 曾砥平,邓鹏图,王正明,周良柱. KAQ 的结构内涵与高层次人才培养[J]. 学位与研究生教育,2000(3).

[36] 程晓农,杨娟,袁志钟,严学华,刘强. 以"产教融合"为内涵的"全素质链"人才培养模式探索与实践[J]. 中国高等教育,2018(3/4).

[37] 郝天聪. 我国高技能人才培养的误区及模式重构:基于高技能人才成长的视角[J]. 中国高教研究,2017(7).

[38] 陶卓,王春艳. 人才与产业耦合:创新驱动下西部人才培养路径[J]. 科技进步与对策,2015(22).

[39] 钟秉林. 人才培养模式改革是高等学校内涵建设的核心[J]. 高等教育研究,2013(11).

[40] 钟祖荣. 人才内涵的时代性[J]. 中国人才,2011(60).

[41] 王雪梅. 全球化、信息化背景下国际化人才的内涵、类型与培养思路:以外语类院校为例[J]. 外语电化教学,2014(1).

[42] 赵立忠,王韶春. 论人才综合素质的内涵[J]. 辽宁高等教育研究,1996(4).

[43] 余宏亮,刘学忠. 论大学人才培养质量根本标准的核心内涵[J]. 中国大学教学,2013(10).

[44] 徐财龙. 技能型人才职业素养的时代内涵、价值与培育路径[J]. 中国职业技术教育,2017(32).

[45] 王威. 基于德尔菲法的应用型创新人才内涵特征实证研究[J]. 中国成人教育,2017(18).

[46] 王雪梅,徐璐. 国际化复语型人才的内涵与培养模式探索[J]. 外语与外语教学,2011(1).

[47] 师慧丽. 工业 4.0 时代技术技能型人才:内涵、能力与培养[J]. 职业技术教育,2017(16).

[48] 买琳燕. 高职院校国际化人才培养模式的内涵与构建[J]. 职教论坛,2014(1).

[49] 闫珊珊. 高校语言人才培养策略探究[J]. 语文建设,2017(18).

[50] 刘红军. 高层次创造性人才的内涵与素养[J]. 中国人才,2022(5).

[51] 张晓南. 略论应用型语言人才培养策略[J]. 语文建设, 2017(30).

[52] 林杰, 王松婵. 大学本科人才培养体系改革的"双中心论": 基本内涵、立论依据及落实策略[J]. 现代教育管理, 2017(9).

[53] 朱晓妹, 林井萍, 张金玲. 创新型人才的内涵与界定[J]. 科技管理研究, 2013(1).

[54] 陈权, 温亚, 施国洪. 拔尖创新人才内涵、特征及其测度: 一个理论模型[J]. 科学管理研究, 2015(4).

[55] 杨会. "互联网＋"时代的"三创"人才: 内涵、特征及培养路径: 以数字媒体艺术专业为例[J]. 教育理论与实践, 2017(3).

[56] 李盛兵. 中国与"一带一路"国家高等教育合作专题讨论[J]. 华南师范大学学报(社会科学版), 2017(1).

[57] 李远, 刘志民, 张红生. 推动"一带一路"沿线孔子学院战略联盟与企业合作共赢[J]. 中国高等教育, 2017(10).

[58] 辛越优, 倪好. 国际化人才联通"一带一路": 角色、需求与策略[J]. 高校教育管理, 2017(4).

[59] 俞继仙, 薛庆忠, 苏玉亮, 等. 服务"一带一路"战略的工程硕士研究生教育实践与探索[J]. 学位与研究生教育. 2017(7).

[60] 王科. 服务"一带一路"倡议的理工科人才培养实践与研究[J]. 云南民族大学学报(哲学社会科学版), 2018(2).

[61] 陈海燕. "一带一路"战略实施与新型国际化人才培养[J]. 中国高教研究, 2017(6).

[62] 周泉. 汉语搭桥"一带一路"的文化战略意义[J]. 新闻战线, 2017(4).

[63] 赵世举. 汉语国际教育类专业的困境与出路[J]. 中国大学教学, 2017(6).

[64] 姚侃, 冯增俊. 比较教育视角下新时代中国语言教育政策的战略走向[J]. 比较教育研究, 2018(2).

[65] 张日培. 服务于"一带一路"的语言规划构想[J]. 云南师范大学学报(哲学社会科学版), 2015(4).

[66] 贾益民. 新时代世界华文教育发展理念探讨[J]. 世界汉语教学, 2018(2).

[67] 黄行. 我国与"一带一路"核心区国家跨境语言文字状况[J]. 云南师范大

学学报(哲学社会科学版),2015(5).

[68] 周泉.学术汉语:"一带一路"背景下汉语国际教育的新发展[J].中国职业技术教育,2017(26).

[69] 周丽华.在桂高校东盟留学生跨文化教育策略探析[J].民族教育研究,2018(1).

[70] 沈骑,夏天."一带一路"语言战略规划的基本问题[J].新疆师范大学学报(哲学社会科学版),2018(1).

[71] 安俊丽."一带一路"背景下中外语言融通的动机和策略[J].南通大学学报(社会科学版),2017(2).

[72] 陈颖."一带一路"背景下中国—东盟自贸区的潜在语言市场研究[J].语言文字应用,2017(3).

[73] 洪柳."一带一路"背景下东盟国家汉语教育发展研究[J].河北师范大学学报(教育科学版),2018(2).

[74] 谢东华."一带一路"沿线的语言发展态势及教育应对思考[J].教育理论与实践,2018(9).

[75] 黄方方."一带一路"沿线国家汉语教育状况探析[J].河南师范大学学报(哲学社会科学版),2017(3).

[76] 高皇伟,吴坚."一带一路"战略下东南亚汉语人才培养探析[J].比较教育研究,2016(12).

[77] 卢俊霖,祝晓宏."一带一路"建设背景下"语言互通"的层级、定位与规划[J].语言文字应用,2017(2).

[78] 马勇."一带一路"建设中本土化人才培养的教育路径构建:基于缅甸福庆孔子课堂的实践[J].中国成人教育,2016(21).

[79] 王烈琴,于培文."一带一路"发展战略与中国语言教育政策的对接[J].河北学刊,2017(1).

[80] 邢欣,张全生."一带一路"倡议下的语言需求与语言服务[J].中国语文,2016(6).

[81] 周庆生."一带一路"与语言沟通[J].新疆师范大学学报(哲学社会科学版),2018(2).

[82] 沙平. 第二语言获得研究与对外汉语教学[J]. 语言文字应用, 1999(4).

[83] 彭兰玉, 郭格. 汉语教育国际人才培养的视野构架、细节构架[J]. 湖南社会科学, 2016(4).

[84] 李卫国. 汉语国际教育人才培养储备前瞻性研究[J]. 河南大学学报(社会科学版), 2013(4).

[85] 杨吉春. 汉语国际教育专业本科"知—行—研"人才培养模式探索[J]. 民族教育研究, 2015(1).

[86] 王祖嫘, 吴应辉. 汉语国际传播发展报告(2011—2014)[J]. 新疆师范大学学报(哲学社会科学版), 2015(4).

[87] Sciences, S. 孔子学院与国际汉语教育的公共外交价值[J]. 新疆师范大学学报(哲学社会科学版), 2012(4).

[88] 赵世举. 全球竞争中的国家语言能力[J]. 中国社会科学, 2015(3).

[89] 易丹. 东盟视角下汉语国际教育专业本科人才培养模式研究[J]. 广西社会科学. 2015(04).

[90] 钱玉莲. "三型一化"汉语国际教育本科专业人才培养方案的探索[J]. 中国大学教学, 2014(6).

[91] 徐琳, 胡宗锋. "一带一路"建设视阈下语言规划之语言能力与服务[J]. 西北大学学报(哲学社会科学版), 2018(2).

[92] 赵世举. "一带一路"建设的语言需求及服务对策[J]. 云南师范大学学报(哲学社会科学版), 2015(4).

[93] 李军, 田小红. 中国大学国际化的一个全球试验:孔子学院十年之路的模式、经验与政策前瞻[J]. 中国高教研究, 2015(4).

[94] 杨文艺. 全球竞争的文化转向与孔子学院的转型发展:孔子学院十周年回眸与展望[J]. 中国高教研究, 2015(4).

[95] 邓新. 孔子学院参与"一带一路"建设的方法与途径研究[J]. 民族教育研究, 2016(4).

[96] 周汶霏, 宁继鸣. 空间分析视域下的孔子学院全球发展研究[J]. 山东社会科学, 2017(10).

[97] 崔希亮. 汉语国际教育的若干问题[J]. 语言教学与研究, 2018(1).

[98] 喻恺,胡伯特·埃特尔,瞿晓蔓."一带一路"战略下我国高等教育国际输出的机遇与挑战[J].清华大学教育研究,2018(1).

[99] 李宝贵,刘家宁."一带一路"战略背景下孔子学院跨文化传播面临的机遇与挑战[J].新疆师范大学学报(哲学社会科学版),2017(4).

[100] 万筱铭."一带一路"进程中汉语国际推广问题探究[J].江西社会科学,2017(4).

[101] 詹海玉."一带一路"背景下的孔子学院发展策略探讨[J].河北师范大学学报(教育科学版),2017(6).

[102] 陆俭明.汉语国际教育与中华文化国际传播[J].同济大学学报(社会科学版),2015(2).

[103] 郑通涛.复杂动态系统理论与语言交际能力发展[J].海外华文教育,2017(10).

[104] 方环海,郑通涛,陈荣岚.基于"需求"导向的汉语国际教育的发展与创新[J].海外华文教育,2017(3).

[105] 李如龙.华人地区的语言教学与教学语言[J].华文教学与研究,2016(2).

[106] 陆俭明.加大中华文化海外传播力度[N].人民日报,2017-09-05.

[107] 陈婷婷,方环海,郑通涛.全球化趋势下的"汉语在外教学"[J],海外华文教育,2016(3).

[108] 陆俭明."一带一路"建设需要语言铺路搭桥[J].文化软实力研究,2016(2).

[109] 吴中江,黄成亮.应用型人才内涵及应用型本科人才培养[J].高等工程教育研究,2014(2).

[110] 邓海清.兵马未动,粮草先行:"一带一路"与金融基础设施建设[J].国际经济评论,2015(4).

[111] 丁任重,陈姝兴.中国区域经济政策协调的再思考:兼论"一带一路"背景下区域经济发展的政策与手段[J].南京大学学报(哲学·人文科学·社会科学),2016(1).

[112] 丁一凡.让金融创新为"一带一路"战略铺平道路[J].国际经济评论,

2015(4).

[113] 丁忠毅."一带一路"建设中的西部边疆安全治理:机遇、挑战及应对
[J].探索,2015(6).

[114] 杜德斌,马亚华."一带一路":中华民族复兴的地缘大战略[J].地理研
究,2015(6).

[115] 郭烨,许陈生.双边高层会晤与中国在"一带一路"沿线国家的直接投资
[J].国际贸易问题,2016(2).

[116] 曾向红."一带一路"的地缘政治想象与地区合作[J].世界经济与政治,
2016(1).

[117] 黄俊,董小玉."一带一路"国家战略的传播困境及突围策略[J].马克思
主义研究,2015(12).

[118] 金碚.论经济全球化 3.0 时代:兼论"一带一路"的互通观念[J].中国工
业济,2016(1).

[119] 李晓,李俊久."一带一路"与中国地缘政治经济战略的重构[J].世界经
济与政治,2015(10).

[120] 石泽.能源资源合作:共建"一带一路"的着力点[J].新疆师范大学学报
(哲学社会科学版),2015(1).

[121] 盛毅,余海燕,岳朝敏.关于"一带一路"战略内涵、特性及战略重点综述
[J].经济体制改革,2015(1).

[122] 王俊生."一带一路"与中国新时期的周边战略[J].山东社会科学,2015
(8).

[123] 吴建南,杨若愚.中国与"一带一路"国家的科技合作态势研究[J].科学
学与科学技术管理,2016(1).

[124] 夏立平.论共生系统理论视阈下的"一带一路"建设[J].同济大学学报
(社会科学版),2015(2).

[125] 夏先良.构筑"一带一路"国际产能合作体制机制与政策体系[J].国际贸
易,2015(11).

[126] 谢孟军.文化能否引致出口:"一带一路"的经验数据[J].国际贸易问题,
2016(1).

[127] 闫衍."一带一路"的金融合作[J].中国金融,2015(5).

[128] 张纪凤,宣昌勇."一带一路"战略下我国对东盟直接投资"升级版"研究 [J].现代经济探讨,2015(12).

[129] 张日培.服务于"一带一路"的语言规划构想[J].云南师范大学学报(哲 学社会科学版),2015(4).

[130] 赵可金."一带一路"的中国方略研究[J].新疆师范大学学报(哲学社会 科学版),2016(1).

[131] 周谷平,阚阅."一带一路"战略的人才支撑与教育路径[J].教育研究, 2015(10).

[132] 吴崇伯.战略伙伴关系框架下中国与印尼经济关系的发展与对策研究 [J].南海问题研究,2010(3).

[133] 武文侠.对印尼大选及大选后国内形势的分析[J].国际论坛,2005(1).

[134] 许利平.战略伙伴关系框架下的中国—印尼合作:基础、现状与趋势 [J].东南亚研究,2011(3).

[135] 闫坤.新时期印度尼西亚全方位外交战略解析[J].东南亚纵横,2012 (1).

[136] 索尔·科恩.地缘战略区与地缘政治区[J].人文地理,1991(1).

三、英文著作及文献

[1] Larsen-Freeman D, Cameron L. Complex Systems and Applied Linguistics[M]. Oxford: Oxford University Press, 2008.

[2] Hiver P, Ali. H. AI-Hoorie. Research Methods for Complexity Theory in Applied Linguistics[M].Bristol: Multilingual Matters Limited, 2019.

[3] Doll W E, Fleener M J. Chaos, Complexity, Curriculum and Culture: A Conversation[M]. New York: Peter Lang, 2005.

[4] Tracy-Ventura N. Routledge Handbook of Second Language Acquisition and Corpora[M]. London: Taylor & Francis, 2020.

［5］Dörnyei Z，Henry A. Motivational Dynamics in Language Learning ［M］. Bristol：Multilingual Matters Limited，2015.

［6］Beeso M，Li F J. China's Regional Relations：Evolving Foreign Policy Dynamics［M］. Boulder：Lynne Rienner Publishers，2014.

［7］Steiner E H，Veltmen R. Pragmatics，Discourse and Text：Some Systemically-inspired Approaches［M］，London：Pinters，1988.

［8］Axelrod R，Cohen M D. Harnessing Complexity：Organizational Implications of a Scientific Frontier［M］，New York：Basic Books，2000.

［9］Ellis R. The Study of Second Language Acquisition（2nd edition）［M］. Oxford：Oxford University Press，2008.

［10］Gardner R. Social Psychology and Second Language Learning：The Role of Attitude and Motivation［M］. London：Edward Arnold，1985.

［11］de Bot K，Lowie W，Verspoor M. A Dynamic Systems Theory Approach to Second Language Acquisition［J］. Bilingualism：Language and Congnition，2007,10(1).

［12］Dörnyei Z. The Psychology of the Language Learners：Individual Differences in Second Language Acquisition［M］. Mahwah：Lawrence Erlbaum，2005.

［13］Oxford R. Language Learning Strategies：What Every Teacher Should Know［M］. Boston：Heinle and Heinle Publishers，1990.

［14］Larsen-Freeman D，Cameron L.Complex Systems and Applied Linguistics［M］. Oxford：Oxford University Press，2018.

［15］Finch A E. Complexity in the Language Classroom［J］. Secondary Education Research，2001，47(105).

［16］Robinson P. Aptitude，Ability，Context，and Practice［M］// DeKeyser R M. Practice in Second Language Learning：Perspectives from Linguistics and Cognitives Psychology. Cambridge：Cambridge University Press，2007.

［17］Dörnyei Z. New Themes and Approaches in Second Language Motivation Research［J］. Annual Review of Applied Linguistics，2001,21.

[18] de Bot K. Introduction:Second Language Development as a Dynamic Process[J]. The Modern Language Journal,2008,92(2).

[19] Chen I T，Yang A H. A Harmonized Southeast Asia? Explanatory Typologies of ASEAN Countries' Strategies to the Rise of China[J]. The Pacific Review,2013,26(3).

[20] Dosch J. Relations between ASEAN and China. Two-level Games in Trade and Security[J]. Internationales Asienforum，2015,46(3-4).

后　记

"一带一路"国际中文人才培养的选题早在 2012 年就开始萌芽，那时我作为国家汉办(现教育部语合中心)公派教师负责厦门大学印尼合作教育项目，同时负责印尼本土一所大学的管理工作，这两项工作的核心统一于如何高效培养本土需要的中文人才；彼时"一带一路"建设正如火如荼，我负责厦门大学文化班的学生皆是雅加达各企业董事长，他们立足企业发展角度对"一带一路"倡议极为热忱，每周四小时课程，我给他们讲授中国语言和文化，他们畅谈"一带一路"发展机遇，一时间整个教室春风怡荡，此班也因此名为"雅聚"。

我看见了"一带一路"建设需求为中文人才培养带来强大的驱动力，对原有中文人才培养问题的调查和人才培养系统的调整都顺理成章，万隆劲松基金会的领导同志不厌其烦和我详细协商人才培养的诸项事宜，万隆国际外语学院的同志们贯彻执行各项计划，事无巨细靡不用心，我负责的厦门大学印尼合作教育项目规模也因此扩大了 8 倍之多，影响也深入到印尼教育界和企业界。印尼四年中文人才培养工作，为本书的研究提供了深入的实践基础。

带着这些问题，我于 2016 年回厦门大学从事博士生的学习和研究工作。我的研究正是基于"一带一路"人才需求、立足跨学科研究视野、采用复杂动态理论框架对国际中文人才培养要素进行全方位考察,对中文人才培养模式进行系统化构建。数年来夙夜忧虑,焚膏继晷、旁搜远绍,总算有了初步的研究成果,而一路走来,都是师友的提携与帮助才有了今天的成绩,无限江山,无尽往事,于我都是可感,于我都是可怀。

感谢于我的博士导师郑通涛教授,在郑老师指导下我有了稳固的研究框架和清晰的研究方向,给我未来研究注入了生生不息的动力;感谢我负责的厦门大学印尼合作教育项目中雅加达雅聚班、万隆文化班还有我带过的三届师范班的同学们帮我收集资料;感谢宁波大学人文与传媒学院领导和老师们,正是由于他们的大力支持,关于国际中文人才培养的相关研究及本书的出版才得以推进和落实。

郭旭

2023 年 5 月 3 日